TOSEL®

BASIC

International
TOSEL
Committee

VOCA 2

CONTENTS

Basic 2권

TOSEL® Level Chart   TOSEL 단계표

COCOON

아이들이 접할 수 있는 공식 인증 시험의 첫 단계로써, 아이들의 부담을 줄이고 즐겁게 흥미를 유발할 수 있도록 컬러풀한 색상과 디자인으로 시험지를 구성하였습니다.

Pre-STARTER

친숙한 주제에 대한 단어, 짧은 대화, 짧은 문장을 사용한 기본적인 문장표현 능력을 측정합니다.

STARTER

흔히 접할 수 있는 주제와 상황과 관련된 주제에 대한 짧은 대화 및 짧은 문장을 이해하고 일상생활 대화에 참여하며 실질적인 영어 기초 의사소통 능력을 측정합니다.

BASIC

개인 정보와 일상 활동, 미래 계획, 과거의 경험에 대해 구어와 문어의 형태로 의사소통을 할 수 있는 능력을 측정합니다.

JUNIOR

일반적인 주제와 상황을 다루는 회화와 짧은 단락, 실용문, 짧은 연설 등을 이해하고 간단한 일상 대화에 참여하는 능력을 측정합니다.

HIGH JUNIOR

넓은 범위의 사회적, 학문적 주제에서 영어를 유창하고 정확하게, 효과적으로 사용할 수 있는 능력 및 중문과 복잡한 문장을 포함한 다양한 문장구조의 사용 능력을 측정합니다.

ADVANCED

대학 및 대학원에서 요구되는 영어능력과 취업 또는 직업근무환경에 필요한 실용영어 능력을 측정합니다.

COCOON 유치원생 / 영어의 첫 걸음 단계

Pre-STARTER 초등 1,2학년 / 영어를 시작하는 단계

STARTER 초등 3,4학년 / 영어의 밑바탕을 다지는 단계

BASIC 초등 5,6학년 / 영어의 도약 단계

JUNIOR 중학생 / 영어의 실전 단계

HIGH JUNIOR 고등학생 / 영어의 고급화 단계

ADVANCED 대학생,직장인 / 영어의 완성 단계

TOSEL
교재 Series

TOSEL LEVEL	Age	Vocabulary Frequency	Readability Score	교과 과정 연계	VOCA	Reading	Listening	Grammar
Cocoon	K5-K7	500	0-1	Who is he? 〈국어 1단원 1-1〉	150	Picking Pumpkins (Phonics Story)	사물 묘사	There is · There are
Pre-Starter	P1-P2	700		How old are you? 〈통합교과 1-1〉	300	Me & My Family (Reading series Ch.1)	상대방 소개하기	be + adjective
Starter	P3-P4	1000-2000	1-2	Spring, Summer, Fall, Winter 〈통합교과 3-1〉	800	Ask More Questions (Reading Series Ch.1)	날씨/시간 표현	Simple Past
Basic	P5-P6	3000-4000	3-4	Show and Tell 〈사회 5-1〉	1700	Culture (Reading Series Ch.3)	의견 묻고 답하기	Superlative
Junior	M1-M2			중 1, 2 과학, 기술가정	4000	Humans and Animals (Reading Series Ch.1)	사물 소개하기	to-infinitive
		5000-6000	5-6					
High Junior	H1-H3			고등학교 - 체육	7000	Health (Reading Series Ch.1)	상태 묘사	2nd Conditional

■ TOSEL의 세분화된 레벨은 각 연령에 맞는 어휘와 읽기 지능 및 교과 과정과의 연계가 가능하도록 설계된 교재들로 효과적인 학습 커리큘럼을 제공합니다.

■ TOSEL의 커리큘럼에 따른 학습은

정확한 레벨링 → 레벨에 적합한 학습 → 영어 능력 인증 시험 TOSEL에서의 공신력 있는 평가를 통해

진단 → 학습 → 평가의 선순환 구조를 실현합니다.

About TOSEL® ———— TOSEL에 대하여

TOSEL은 각급 학교 교과과정과 연령별 인지단계를 고려하여 단계별 난이도와 문항으로
영어 숙달 정도를 측정하는 영어 사용자 중심의 맞춤식 영어능력인증 시험제도입니다.
평가유형에 따른 개인별 장점과 단점을 파악하고, 개인별 영어학습 방향을 제시하는 성적분석자료를 제공하여
영어능력 종합검진 서비스를 제공함으로써 영어 사용자인 소비자와
영어능력 평가를 토대로 영어교육을 담당하는 교사 및 기관 인사관리자인 공급자를
모두 만족시키는 영어능력인증 평가입니다.

TOSEL은 인지적-학문적 언어 사용의 유창성 (Cognitive-Academic Language Proficiency, CALP)과
기본적-개인적 의사소통능력 (Basic Interpersonal Communication Skill, BICS)을
엄밀히 구분하여 수험자의 언어능력을 가장 친밀하게 평가하는 시험입니다.

대상

유아, 초, 중, 고등학생,
대학생 및 직장인 등 성인

목적

한국인의 영어구사능력 증진과
비영어권 국가의 영어 사용자의
영어구사능력 증진

용도

실질적인 영어구사능력 평가 +
입학전형 및 인재선발 등에 활용
및 직무역량별 인재 배치

연혁

2002.02	국제토셀위원회 창설 (수능출제위원역임 전국대학 영어전공교수진 중심)
2004.09	TOSEL 고려대학교 국제어학원 공동인증시험 실시
2006.04	EBS 한국교육방송공사 주관기관 참여
2006.05	민족사관고등학교 입학전형에 반영
2008.12	고려대학교 편입학시험 TOSEL 유형으로 대체
2009.01	서울시 공무원 근무평정에 TOSEL 점수 가산점 부여
2009.01	전국 대부분 외고, 자사고 입학전형에 TOSEL 반영
	(한영외국어고등학교, 한일고등학교, 고양외국어고등학교, 과천외국어고등학교, 김포외국어고등학교, 명지외국어고등학교, 부산국제외국어고등학교, 부일외국어 고등학교, 성남외국어고등학교, 인천외국어고등학교, 전북외국어고등학교, 대전외국어고등학교, 청주외국어고등학교, 강원외국어고등학교, 전남외국어고등학교)
2009.12	청심국제중·고등학교 입학전형 TOSEL 반영
2009.12	한국외국어교육학회, 팬코리아영어교육학회, 한국음성학회, 한국응용언어학회 TOSEL 인증
2010.03	고려대학교, TOSEL 출제기관 및 공동 인증기관으로 참여
2010.07	경찰청 공무원 임용 TOSEL 성적 가산점 부여
2014.04	전국 200개 초등학교 단체 응시 실시
2017.03	중앙일보 주관기관 참여
2018.11	관공서, 대기업 등 100여 개 기관에서 TOSEL 반영
2019.06	미얀마 TOSEL 도입 발족식
	베트남 TOSEL 도입 협약식
2019.11	2020학년도 고려대학교 편입학전형 반영
2020.04	국토교통부 국가자격시험 TOSEL 반영
2021.07	소방청 간부후보생 선발시험 TOSEL 반영

About TOSEL TOSEL에 대하여

What's TOSEL?

"Test of Skills in the English Language"

TOSEL은 비영어권 국가의 영어 사용자를 대상으로 영어구사능력을 측정하여
그 결과를 공식 인증하는 영어능력인증 시험제도입니다.

영어 사용자 중심의 맞춤식 영어능력 인증 시험제도

맞춤식 평가

**획일적인 평가에서
세분화된 평가로의 전환**

TOSEL은 응시자의 연령별
인지단계에 따라 별도의 문항과 난이도를
적용하여 평가함으로써 평가의
목적과 용도에 적합한 평가 시스템을
구축하였습니다.

공정성과 신뢰성 확보

국제토셀위원회의 역할

TOSEL은 고려대학교가 출제 및 인증기관
으로 참여하였고 대학입학수학능력시험
출제위원 교수들이 중심이 된
국제토셀위원회가 주관하여
사회적 공정성과 신뢰성을 확보한
평가 제도입니다.

수입대체 효과

외화유출 차단 및 국위선양

TOSEL은 해외시험응시로 인한 외화의
유출을 막는 수입대체의 효과를 기대할 수
있습니다. TOSEL의 문항과 시험제도는
비영어권 국가에 수출하여 국위선양에
기여하고 있습니다.

Why TOSEL

왜 TOSEL인가

01 학교 시험 폐지

일선 학교에서 중간, 기말고사 폐지로 인해 객관적인 영어 평가 제도의 부재가 우려됩니다. 그러나 전국단위로 연간 4번 시행되는 TOSEL 평가시험을 통해 학생들은 정확한 역량과 체계적인 학습방향을 꾸준히 진단받을 수 있습니다.

02 연령별/단계별 대비로 영어학습 점검

TOSEL은 응시자의 연령별 인지단계 및 영어 학습 단계에 따라 총 7단계로 구성되었습니다. 각 단계에 알맞은 문항유형과 난이도를 적용해 모든 연령 및 학습 과정에 맞추어 가장 효율적으로 영어실력을 평가할 수 있도록 개발된 영어시험입니다.

03 학교내신성적 향상

TOSEL은 학년별 교과과정과 연계하여 학교에서 배우는 내용을 학습하고 평가할 수 있도록 문항 및 주제를 구성하여 내신영어 향상을 위한 최적의 솔루션을 제공합니다.

04 수능대비 직결

유아, 초, 중등시절 어렵지 않고 즐겁게 학습해 온 영어이지만, 수능시험준비를 위해 접하는 영어의 문항 및 유형 난이도에 주춤하게 됩니다. 이를 대비하기 위해 TOSEL은 유아부터 성인까지 점진적인 학습을 통해 수능대비를 자연적으로 해나갈 수 있습니다.

05 진학과 취업에 대비한 필수 스펙관리

개인별 '학업성취기록부' 발급을 통해 영어학업성취이력을 꾸준히 기록한 영어학습 포트폴리오를 제공하여 영어학습 이력을 관리할 수 있습니다.

06 자기소개서에 토셀 기재

개별적인 진로 적성 Report를 제공하여 진로를 파악하고 자기소개서 작성시 적극적으로 활용할 수 있는 객관적인 자료를 제공합니다.

07 영어학습 동기부여

시험실시 후 응시자 모두에게 수여되는 인증서는 영어학습에 대한 자신감과 성취감을 고취시키고 동기를 부여합니다.

08 AI 분석 영어학습 솔루션

200만 명의 응시데이터를 기반으로 영어인증시험 제도 중 세계 최초로 인공지능이 분석한 개인별 AI 정밀진단 성적표를 제공합니다. 최첨단 AI 정밀진단 성적표는 최적의 영어학습 솔루션을 제시하여 영어 학습에 소요되는 시간과 노력을 획기적으로 절감해줍니다.

09 명예의 전당, 우수협력기관 지정

우수교육기관은 'TOSEL 우수 협력 기관'에 지정되고, 각 시/도별, 최고득점자를 명예의 전당에 등재합니다.

Evaluation ——————— 평가

평가의 기본원칙
TOSEL은 PBT(Paper Based Test)를 통하여 간접평가와 직접평가를 모두 시행합니다.

TOSEL은 언어의 네 가지 요소인 읽기, 듣기, 말하기, 쓰기 영역을 모두 평가합니다.

문자언어 · 음성언어

읽기능력 + 듣기능력
쓰기능력 + 말하기능력

대한민국 대표 영어능력 인증 시험제도
TOSEL®

Reading 읽기	모든 레벨의 읽기 영역은 직접 평가 방식으로 측정합니다.
Listening 듣기	모든 레벨의 듣기 영역은 직접 평가 방식으로 측정합니다.
Writing 쓰기	모든 레벨의 쓰기 영역은 간접 평가 방식으로 측정합니다.
Speaking 말하기	모든 레벨의 말하기 영역은 간접 평가 방식으로 측정합니다.

TOSEL은 연령별 인지단계를 고려하여 아래와 같이 7단계로 나누어 평가합니다.

1 단계	**TOSEL®** COCOON	**5~7세의 미취학 아동**
2 단계	**TOSEL®** Pre-STARTER	**초등학교 1~2학년**
3 단계	**TOSEL®** STARTER	**초등학교 3~4학년**
4 단계	**TOSEL®** BASIC	**초등학교 5~6학년**
5 단계	**TOSEL®** JUNIOR	**중학생**
6 단계	**TOSEL®** HIGH JUNIOR	**고등학생**
7 단계	**TOSEL®** ADVANCED	**대학생 및 성인**

Grade Report

개인 AI 정밀진단 성적표

십 수년간 전국단위 정기시험으로 축적된 빅데이터를 교육공학적으로 분석 · 활용하여 산출한 개인별 성적자료

정확한 영어능력진단 / 섹션별 · 파트별 영어능력 및 균형 진단 / 명예의 전당 등재 여부 / 온라인 최적화된 개인별 상세
성적자료를 위한 QR코드 / 응시지역, 동일학년, 전국에서의 학생의 위치

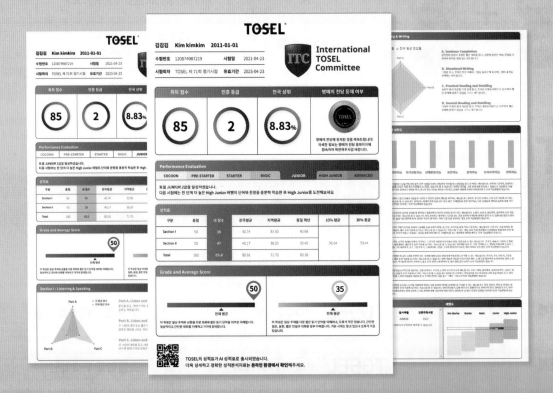

단체 및 기관 응시자 AI 통계 분석 자료

십 수년간 전국단위 정기시험으로 **축적된 빅데이터를**
교육공학적으로 분석 · 활용하여 산출한 응시자 통계 분석 자료

- 단체 내 레벨별 평균성적추이, LR평균 점수, 표준편차 파악
- 타 지역 내 다른 단체와의 점수 종합 비교 / 단체 내 레벨별
  학생분포 파악
- 동일 지역 내 다른 단체 레벨별 응시자의 평균 나이 비교
- 동일 지역 내 다른 단체 명예의 전당 등재 인원 수 비교
- 동일 지역 내 다른 단체 최고점자의 최고 점수 비교
- 동일 지역 내 다른 응시자들의 수 비교

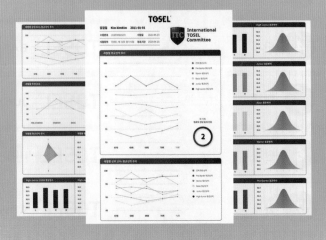

'토셀 명예의 전당' 등재

특별시, 광역시, 도 별 **1등 선발**
(7개시 9개도 **1등 선발**)

*홈페이지 로그인 - 시험결과 - 명예의 전당에서
 해당자 등재 증명서 출력 가능

'학업성취기록부'에 토셀 인증등급 기재

개인별 **'학업성취기록부' 평생 발급**
진학과 취업을 대비한 **필수 스펙관리**

인증서

대한민국 초,중,고등학생의 영어숙달능력 평가 결과 공식인증

고려대학교 인증획득 (2010. 03)   팬코리아영어교육학회 인증획득 (2009. 10)   한국응용언어학회 인증획득 (2009. 11)
한국외국어교육학회 인증획득 (2009. 12)   한국음성학회 인증획득 (2009. 12)

Voca Series ──────── 특장점

TOSEL 시험을 기준으로 빈출 지표를 활용한 단어 선정 및 예문과 문제 구성

TOSEL 시험에 출제된 빈출 단어를 기준으로 단어 선정	TOSEL 시험에 활용된 문장을 사용하여 예문과 문제를 구성	TOSEL 기출 문제 풀이를 통한 TOSEL 및 실전 영어 시험 대비 학습

세분화된 레벨링

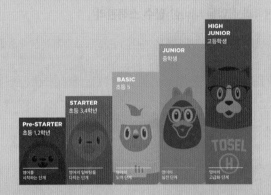

20년 간 대한민국 엉이 평가 기관으로서

연간 4회 전국적으로 실시되는 정기시험에서

축적된 성적 데이터를 기반으로

정확하고 세분화된 레벨링을 통한

영어 학습 콘텐츠 개발

언어의 4대 영역 균형 학습

1 TOSEL 평가: 학생의 영어 능력을 정확하게 평가

2 결과 분석 및 진단: 시험 점수와 결과를 분석하여 학생의 강점, 취약점, 학습자 특성 등을 객관적으로 진단

3 학습 방향 제시: 객관적 진단 데이터를 기반으로 학습자 특성에 맞는 학습 방향 제시 및 목표 설정

4 학습: 제시된 방향과 목표에 따라 학생에게 적합한 어휘 학습법 소개 및 단어 암기 훈련

5 학습 목표 달성: 학습 후 다시 평가를 통해 목표 달성 여부 확인 및 성장을 위한 다음 학습 목표 설정

Voca Series ———— Level

TOSEL의 Voca Series는 레벨에 맞게 단계적으로
단어를 학습할 수 있도록 구성되어 있습니다.

Pre-Starter	Starter	Basic	Junior	High Junior

- 그림을 활용하여 단어에 대한 이해도 향상
- 다양한 활동을 통해 단어 반복 학습 유도
- TOSEL 기출 문제 연습을 통한 실전 대비

- TOSEL 기출의 빈도수를 활용한 단어 선정으로 효율적 학습
- 실제 TOSEL 지문의 예문을 활용한 실용적 학습 제공
- TOSEL 기출 문제 연습을 통한 실전 대비

최신 수능 출제
단어를 포함하여
수능 대비 가능

TOSEL LEVEL	PS	S	B	J	HJ
총 단어 수	300	500	900	2300	3000
누적 단어 수	300	800	1700	4000	7000
권 수	1권	1권	2권	2권	2권
하루 단어 암기량	20	30	30	30	30
목차 구성	15 units	15 units	30 days	70 days	100 days
unit 당 학습 기간	3일	3일	3일	2일	2일
총 학습 기간 (1권 / 2권)	45일 (약1.5개월)	45일 (약 1.5개월)	45일 / 90일 (2권 총합 약 2개월)	70일 / 140일 (2권 총합 약 4개월)	100일 / 200일 (2권 총합 약 6개월)

1시간 학습 Guideline

01
💡 Preview

10분

- 해당 단원에서 학습할 단어를 미리 학습
- 단어의 품사 파악하기 및 QR코드를 활용하여 올바른 발음 듣기

02
📖 품사 구분하기

색상으로 8품사 구분하기

n	명사 noun	pron	대명사 pronoun
v	동사 verb	adj	형용사 adjective
adv	부사 adverb	conj	접속사 conjunction
prep	전치사 preposition	int	감탄사 interjection

05
✏️ Practice

10분

연결하기 문제 예시
영어 단어와 한글 뜻을 올바르게 연결하기

철자 맞추기 문제 예시
한글 뜻에 알맞은 철자를 찾아 O로 표기하기

빈칸 채우기 문제 예시
한글 뜻을 보고 예문에 맞게 빈칸에 알맞은 단어 넣기

- 해당 단어 표현에 대해서는 우리말 보다는 영어로 말할 수 있도록 지도하기
- 문제의 정답률보다는 단어의 활용에 초점을 두어 교수하기

03
🔊 발음 듣기

■ QR코드를 활용하여 단어의 올바른 발음 듣기
■ 소리내어 읽으면서 단어 학습
■ 단어의 구체적 의미보다는 발음과 스펠링에 집중하여 학습

04
📖 단어 학습
20분

■ 단어의 스펠링과 우리말 뜻에 유의하며 학습
■ 한 번 읽어본 이후에는 우리말 뜻을 가리고
   학습하며 단어의 의미 상기하기
■ 출제 빈도 표시 추가 (TOSEL 지문을 분석)

06
Self Test
10분

07
🔍 TOSEL 실전문제
10분

■ 실제 TOSEL 기출 문제를 통한 실전 대비 학습
■ 실제 시험 시간과 유사하게 풀이할 수 있도록 지도하기
■ 틀린 문제에 대해서는 해당 단원에서 복습하도록 지도하기

CHAPTER 04

DAY 16

v	send	n	tomato	n	stranger
adv	yet	v	sign	n	tablet
v	allow	adv	almost	adj	social
v	surprise	adj	silly	adj	tight
v	weigh	n	tour	n	skill
adj	sore	v	wish	n	xylophone
v	spill	n	account	adj	unique
n	temperature	n	dragon	n	waterfall
n	pond	v	sneeze	v	relax
n	jaw	n	palm	n	cancer

DAY 16

---

001 ★ ★ ★

send

| v | 보내다, 발송하다, 전하다 |

ex They **sent** it a week ago.
그들은 일주일 전에 그것을 보냈다.

참고 send-sent-sent

---

002 ★ ★ ★

tomato

| n | 토마토 |

ex **Tomatoes** are delicious.
토마토는 맛있다.

---

003 ★ ★ ★

stranger

| n | 낯선 사람 |

ex He didn't want to sell it to a **stranger**.
그는 그것을 낯선 사람에게 팔고 싶지 않았다.

---

004 ★ ★ ★

yet

| adv | 아직 | conj | 그렇지만, 그런데도 |

ex I haven't decided **yet**.
아직 결정하지 못했어.

---

005 ★ ★ ★

sign

| v | 서명하다 | n | 징후, 조짐, 표시 |

ex Your parents should **sign** the form.
당신의 부모님이 이 양식에 서명 해야 한다.

---

006 ★ ★ ★

tablet

| n | 태블릿 (둥글넓적한 모양의 판) / 명판, 평판 |

ex Leo has a computer **tablet**.
Leo는 태블릿 컴퓨터를 가지고 있다.

예문은 TOSEL 시험에 실제로 출제된 예문입니다.

---

007 ★ ★ ★

allow

v 허락하다, 허용하다

ex During the performance, no cameras are **allowed**.
공연 중에는 카메라는 허용되지 않는다.

---

008 ★ ★ ★

almost

adv 거의

ex It weighs **almost** 90 kilograms!
그것은 거의 90킬로그램이 나간다!

---

009 ★ ★ ★

social

adj 사회적인, 사교적인

ex Ligers are not **social** animals.
라이거는 사회적인 동물이 아니다.

---

010 ★ ★ ★

surprise

v 놀라게 하다　　**n** 놀라움, 놀라운 소식

ex Why was Amy **surprised**?
Amy는 왜 놀랐는가?

㈒ shock 충격을 주다

---

011 ★ ★

silly

adj 어리석은, 바보 같은

ex Then the **silly** monkey was happy!
그러고 나면 어리석은 원숭이는 행복해했다!

㈒ stupid 어리석은, 멍청한

---

012 ★ ★

tight

adj 단단한, 꽉 조이는　　**adv** 단단히

ex shoes that are **tight** in the toes
발가락에 꽉 끼는 신발

DAY 16

★ 표시는 **출제 빈도**를 나타냅니다.

---

013 ★ ★

weigh

 무게가 ~이다 / 무게[체중]를 달다

ex How much does your dog **weigh**?
당신의 개는 무게가 얼마나 나가는가?

---

014 ★ ★

tour

 여행, 관광 ⓥ 순회하다, 관광하다

ex Tavi's family took a city **tour**.
Tavi의 가족은 도시 관광을 했다.

---

015 ★ ★

skill

 기술

ex He has good shooting **skills** for soccer.
그는 좋은 축구 슈팅 기술을 가지고 있다.

---

016 ★ ★

sore

 아픈

ex I have a headache and a **sore** throat.
나는 머리가 아프고 목도 아프다.

ⓨ hurt 다친

---

017 ★ ★

wish

 원하다, 소망하다, 바라다

ex What does the girl **wish** the boy luck for?
소녀는 소년에게 어떤 행운이 있기를 바라는가?

ⓨ hope 바라다, 희망하다

---

018 ★ ★

xylophone

 실로폰

ex I forgot to bring a **xylophone**.
실로폰 가지고 오는 것을 깜빡했다.

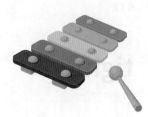

예문은 TOSEL 시험에 실제로 출제된 예문입니다.

019

spill

v 흐르다, 쏟다   **n** 유출

ex He **spilled** the milk on the ground.
그는 바닥에 우유를 흘렸다.

020

account

n 계좌, 장부

ex I'd like to open a bank **account**.
저는 은행 계좌를 개설하고 싶습니다.

021

unique

adj 독특한, 특별한

ex The sound is very **unique**.
그 소리는 매우 독특하다.

022

temperature

n 온도, 기온, 체온

ex What is the **temperature** at night in November?
11월 밤에 기온은 몇 도인가?

023

dragon

n 용

ex The prince finally killed the **dragon**.
왕자가 마침내 용을 죽였다.

024

waterfall

n 폭포

ex This **waterfall** is very famous.
이 폭포는 아주 유명하다.

★ 표시는 **출제 빈도**를 나타냅니다.

025 **pond**	n 연못
	ex Ducks are swimming in the **pond**. 오리들이 연못에서 수영하고 있다. 

026 **sneeze**	v 재채기하다 n 재채기
	ex In winter, I cough and **sneeze** a lot. 겨울에, 나는 기침과 재채기를 많이 한다.

027 **relax**	v 휴식을 취하다 / 진정하다
	ex You can **relax** on the weekend. 너는 주말에 휴식을 취할 수 있다. ⊕ take a rest 쉬다

028 **jaw**	n 턱
	ex The shark has a strong **jaw**. 그 상어는 강력한 턱을 가지고 있다.

029 **palm**	n 손바닥
	ex Today we'll paint using your **palm**. 오늘 우리는 손바닥을 이용해서 그림을 그릴 것이다.

030 **cancer**	n 암
	ex **Cancer** is one of the worst diseases. 암은 최악의 질병 중 하나이다.

Practice

 1. 다음 단어에 알맞은 철자를 찾아 동그라미 쳐 보세요.

(1) | 낯선 사람 | (stranger, strangler, strenger)

(2) | 실로폰 | (xylophone, zylophone, xilophone)

(3) | 독특한, 특별한 | (unike, uniqe, unique)

(4) | 암 | (cancel, cancer, canser)

 2. 우리말에 맞게 빈칸을 완성하세요.

| sent | sneeze | sign | allowed |

(1) They _____ it a week ago.

그들은 일주일 전에 그것을 **보냈다**.

(2) Your parents should _____ the form.

당신의 부모님이 이 양식에 **서명**해야 한다.

(3) During the performance, no cameras are _____.

공연 중에는 카메라는 **허용되지** 않는다.

(4) In winter, I cough and _____ a lot.

겨울에, 나는 기침과 **재채기**를 많이 한다.

SELF TEST

01	send		**16**		아픈
02		토마토	**17**	wish	
03	stranger		**18**		실로폰
04		아직, 그렇지만	**19**	spill	
05	sign		**20**		계좌, 장부
06		태블릿, 명판	**21**	unique	
07	allow		**22**		온도, 기온
08		거의	**23**	dragon	
09	social		**24**		폭포
10	surprise		**25**	pond	
11	silly		**26**		재채기하다
12		꽉 조이는	**27**		휴식을 취하다, 진정하다
13	weigh		**28**	jaw	
14	tour		**29**		손바닥
15		기술	**30**	cancer	

DAY 17

v	surf	n	tower	v	amaze
pron	anything	v	board	n	Asia
n	bottle	n	apron	n	chart
n	care	adj	smooth	v	trap
n	health	prep	without	n	spice
n	action	n	trouble	v	bark
adv	actually	n	cage	n	dirt
n	voice	n	human	n	technology
n	sunrise	n	tissue	n	allergy
n	shot	n	shore	v	hunt

DAY 17

⭐ 표시는 **출제 빈도**를 나타냅니다.

---

001 ⭐⭐⭐

surf

> v 파도타기[서핑]를 하다
>
> ex how to **surf** in the ocean
> 바다에서 파도타기 하는 방법

---

002 ⭐⭐⭐

tower

> n 탑
>
> ex There is a big clock in this **tower**.
> 이 탑 안에는 큰 시계가 있다.

---

003 ⭐⭐⭐

amaze

> v 놀라게 하다
>
> ex Wow, that pianist is **amazing**!
> 와, 저 피아니스트 대단하다!

---

004 ⭐⭐⭐

anything

> pron 무엇, 아무것 / 무엇이든
>
> ex Would you like **anything** to drink?
> 마실 것 좀 줄까?

---

005 ⭐⭐⭐

board

> v 승차[탑승]하다
>
> ex It's time to **board**.
> 승차할 시간이다.
>
> 참고 boarding pass 탑승권

---

006 ⭐⭐⭐

Asia

> n 아시아
>
> ex Korea is in **Asia**.
> 한국은 아시아에 있다.

예문은 TOSEL 시험에 실제로 출제된 예문입니다.

---

007 ★ ★ ★

bottle

n 병

 There is a **bottle** of water.
물 한 병이 있다.

---

008 ★ ★ ★

apron

n 앞치마

 I got her a red **apron**.
그녀에게 빨간 앞치마를 주었다.

---

009 ★ ★ ★

chart

n 도표, 차트

 According to the **chart**, students prefer online classes.
도표에 따르면, 학생들은 온라인 수업을 선호한다.

---

010 ★ ★ ★

care

n 돌봄 / 조심, 주의   v 상관하다, 관심을 가지다

 how to take **care** of your teeth
당신의 치아를 관리하는 방법

참고 take care 돌보다

---

011 ★ ★

smooth

adj 매끄러운

 The baby has **smooth** skin.
아기는 매끄러운 피부를 가지고 있다.

---

012 ★ ★

trap

v (함정에)가두다   n 덫

 They were **trapped** on the ground.
그들은 땅 위의 덫에 걸렸다.

⭐ 표시는 **출제 빈도**를 나타냅니다.

---

013 ⭐⭐

health

n 건강

ex Eating vegetables is good for your **health**.
채소를 먹는 것은 건강에 좋다.

---

014 ⭐⭐

without

prep … 없이

ex Yes, the one **without** wheels.
응, 바퀴가 없는 것이야.

---

015 ⭐⭐

spice

n 양념, 향신료

ex Tim sells **spices** in a market.
Tim은 시장에서 향신료를 판다.

---

016 ⭐⭐

action

n 행동, 동작

ex We need to take an **action** on that issue.
우리는 그 문제에 대해 행동을 취해야 한다.

---

017 ⭐⭐

trouble

n 문제, 곤란

ex People ask for her help when they are in **trouble**.
사람들은 그들이 곤경에 처했을 때 그녀에게 도움을 요청한다.

---

018 ⭐⭐

bark

v 짖다

ex The neighbor's dog **barks** loudly.
이웃집의 개가 시끄럽게 짖는다.

예문은 TOSEL 시험에 실제로 출제된 예문입니다.

---

019 ⭐

actually

`adv` **실제로, 정말로**

`ex` This dish is **actually** fried chicken!
이 음식은 사실 튀긴 치킨이다!

---

020 ⭐

cage

`n` **우리, 새장**   `v` **우리에 가두다**

`ex` The tiger is in a **cage**.
호랑이는 우리 안에 있다.

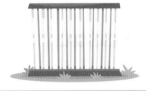

021

dirt

`n` **먼지, 때, 흙**

`ex` You should brush the **dirt** off before entering the room.
방에 들어가기 전에 먼지를 털어내야만 한다.

022

voice

`n` **목소리, 음성**

`ex` She has a lovely **voice**.
그녀는 사랑스러운 목소리를 가지고 있다.

023

human

`n` **인간, 사람**   `adj` **인간의, 인간적인**

`ex` The robot can consider the life cycle of **humans**.
그 로봇은 인간의 생애 주기를 고려할 수 있다.

024

technology

`n` **기술, 기계, 장비**

`ex` We have gone through the development of **technology**.
우리는 기술의 발전을 겪어왔다.

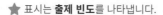

★ 표시는 **출제 빈도**를 나타냅니다.

025

sunrise

n 일출, 해돋이

ex It is famous for a beautiful **sunrise**.
그곳은 아름다운 일출로 유명하다.

반 sunset 일몰

026

tissue

n 화장지

ex Would you give me some **tissue**?
화장지 좀 주겠니?

027

allergy

n 알레르기

ex He has an **allergy** to dog fur.
그는 개털 알레르기가 있다.

참고 adj. allergic 알레르기가 있는

028

shot

n 발사, 발포 / 숏(스포츠)

ex What a nice **shot**!
정말 좋은 숏이다.

029

shore

n 해안[해변]

ex There are a lot of people along the **shore**.
해안가에 사람들이 많다.

유 beach 해변, 바닷가

030

hunt

v 사냥하다

ex We should not **hunt** animals illegally.
우리는 동물들을 불법적으로 사냥해선 안된다.

Practice

 1. 다음 단어들을 올바르게 연결하세요.

(1) **hunt** •   • (a) **~이 없이**

(2) **allergy** •   • (b) **행동, 동작**

(3) **technology** •   • (c) **기술, 기계, 장비**

(4) **actually** •   • (d) **알레르기**

(5) **action** •   • (e) **사냥하다**

(6) **without** •   • (f) **실제로, 정말로**

 2. 우리말에 맞게 빈칸을 완성하세요.

| shore | health | trouble | humans |

(1) **People ask for her help when they are in   .**
사람들은 그들이 **곤경**에 처했을 때 그녀에게 도움을 요청한다.

(2) **Eating vegetables is good for your   .**
채소를 먹는 것은 **건강**에 좋다.

(3) **There are a lot of people along the   .**
해안가에 사람들이 많다.

(4) **The robot can consider the life cycle of   .**
그 로봇은 **인간**의 생애주기를 고려할 수 있다.

SELF TEST

01	surf		16		행동, 동작
02		탑	17	trouble	
03	amaze		18		짖다
04		무엇, 아무것	19	actually	
05	board		20		우리, 새장
06		아시아	21	voice	
07	bottle		22		먼지, 때, 흙
08		앞치마	23	human	
09	chart		24		기술, 기계, 장비
10		돌봄, 보살핌	25	sunrise	
11	smooth		26		화장지
12		(함정에)가두다	27	shot	
13	health		28		알레르기
14		... 없이	29	shore	
15	spice		30		사냥하다

DAY 18

v	bite	n	competition	n	date
v	earn	n	festival	n	grocery
n	crane	n	entrance	v	guess
v	escape	v	stare	adv	twice
v	stress	v	upload	n	structure
n	adventure	n	beak	prep	along
adj	calm	n	advertisement	v	look for
n	drug	adj	able	n	buddy
n	guide	n	trust	n	membership
adj	slim	adj	thick	adj	fancy

DAY 18

★ 표시는 **출제 빈도**를 나타냅니다.

---

001 ★ ★ ★

bite

(v) **물다**

(ex) My dog never **bites** me.
나의 개는 절대로 나를 물지 않는다.

---

002 ★ ★ ★

competition

(n) **경쟁, 대회**

(ex) How did you do in the **competition**?
대회에서 어떻게 했어?

참고 v. compete 경쟁하다

---

003 ★ ★ ★

date

(n) **날짜**

(ex) You should check your flight **date** on the ticket.
표에 쓰어진 비행 날짜를 확인해야 한다.

참고 daily 매일 일어나는, 나날의

---

004 ★ ★ ★

earn

(v) **(돈을)벌다, 얻다**

(ex) He **earned** the most points in the game.
그는 그 게임에서 가장 많은 점수를 얻었다.

---

005 ★ ★ ★

festival

(n) **축제**

(ex) Will you buy the **festival** tickets online?
온라인으로 그 축제 입장권을 사줄 수 있니?

---

006 ★ ★ ★

grocery

(n) **식료품**

(ex) I'll drop by a **grocery** store.
나는 식료품점에 잠깐 들를 것이다.

예문은 TOSEL 시험에 실제로 출제된 예문입니다.

---

007 ★ ★ ★

crane

 ⓝ **기중기, 크레인**

ⓔ The **crane** lifts a heavy load.
기중기가 무거운 짐을 들어올린다.

---

008 ★ ★ ★

entrance

 ⓝ **입구, 문**

ⓔ The **entrance** is very small.
그 입구는 아주 작다.

참고 v. enter 들어가다

---

009 ★ ★ ★

guess

 ⓥ **추측하다 / 알아맞히다[알아내다]**

ⓔ The team that can **guess** the word first wins.
가장 먼저 단어를 알아 맞히는 팀이 이긴다.

---

010 ★ ★ ★

escape

 ⓥ **달아나다, 탈출하다**

ⓔ The prisoner **escaped** the prison.
죄수가 감옥을 탈출했다.

---

011 ★ ★

stare

 ⓥ **응시하다, 쳐다보다**

ⓔ The teacher **stared** at him.
선생님께서 그를 쳐다보셨다.

---

012 ★ ★

twice

 ⓐⓓⓥ **두 번, 두 배로**

ⓔ Brush your teeth at least **twice** a day.
하루에 적어도 두 번은 이를 닦아라.

참고 once 한 번

DAY ⑱

---

013 ★ ★

stress

v 스트레스를 받다   n 스트레스

ex We have a better mood and are less **stressed**.
우리는 기분이 더 좋아지고 스트레스를 덜 받게 된다.

---

014 ★ ★

upload

v 업로드하다

ex She does not **upload** many pictures.
그녀는 사진을 많이 업로드하지 않는다.

---

015 ★ ★

structure

n 구조, 구조물

ex The Egyptian Pyramids are large, stone **structures**.
이집트 피라미드는 크고 거대한 석소 구조물이나.

---

016 ★

adventure

n 모험

ex I watched the movie "Lola's **Adventure**."
나는 "Lola의 모험"이라는 영화를 봤었다.

---

017 ★

beak

n (새의)부리

ex The bird has a shiny black **beak**.
그 새는 빛나는 검은 부리를 가지고 있다.

---

018 ★

along

prep ~을 따라

ex There is a bicycle path **along** the river.
강을 따라서 자전거 도로가 있다.

예문은 TOSEL 시험에 실제로 출제된 예문입니다.

---

019 ⭐

calm

adj **침착한, 차분한**

ex He tried to remain **calm**.
그는 침착함을 유지하려고 노력했다.

---

020 ⭐

advertisement

n **광고**

ex Look at the **advertisement** on the board.
게시판에 있는 광고 좀 봐.

021

look for

v **찾다, 구하다 / 기대하다**

ex You should **look for** another job.
당신은 다른 직장을 알아봐야 한다.

022

drug

n **의약품, 약 / (불법적인) 약물, 마약**

ex This **drug** is effective for fevers.
이 약은 열에 효과적이다.

023

able

adj **~할 수 있는**

ex The baby is **able** to walk on his feet.
그 아기는 스스로 걸을 수 있다.

참고 be able to ~할 수 있다

024

buddy

n **친구**

ex She is my old **buddy**.
그녀는 나의 오랜 친구이다.

⟨유⟩ friend 친구

DAY 18

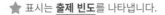
★ 표시는 **출제 빈도**를 나타냅니다.

025

guide

n 안내, 안내 책자, 안내인　　v 안내하여 데려가다

ex The tour **guide** was so kind.
그 관광 안내원은 정말 친절했다.

026

trust

n 신뢰, 신임　　v 신뢰하다

ex She has a great **trust** in me.
그녀는 나에게 큰 신뢰가 있다.

027

membership

n 회원(자격, 신분)

ex How can I use the **membership** points?
회원 포인트를 어떻게 사용할 수 있는기?

028

slim

adj 날씬한, 호리호리한

ex I want to have a **slim** body like her.
나도 그녀처럼 날씬한 몸을 갖고 싶다.

029

thick

adj 두꺼운

ex The dictionary is too **thick** to take.
그 사전은 너무 두꺼워서 가지고 다닐 수 없다.

030

fancy

adj 화려한, 장식이 많은, 값비싼

ex I'll buy the **fancy** shoes someday.
나는 언젠가 그 화려한 신발을 살 것이다.

Practice

 1. 다음 단어에 알맞은 철자를 찾아 동그라미 쳐 보세요.

(1) 구조, 구조물 (structure, strecture, struchure)

(2) 식료품, 잡화점 (groceri, grocery, grocary)

(3) 입구, 문 (entrence, entranse, entrance)

(4) 모험 (adventure, advantre, adbenture)

 2. 우리말에 맞게 빈칸을 완성하세요.

calm   guess   guide   stared

(1) **He tried to remain** _____ **.**

그는 **침착함**을 유지하려고 노력했다.

(2) **The teacher** _____ **at him.**

선생님께서 그를 **쳐다보셨다**.

(3) **The team that can** _____ **the word first wins.**

가장 먼저 단어를 **알아 맞히는** 팀이 이긴다.

(4) **The tour** _____ **was so kind.**

그 관광 **안내원**은 정말 친절했다.

SELF TEST

01	bite		16		업로드하다
02		경쟁, 대회	17	beak	
03	date		18		~을 따라
04		(돈을)벌다, 얻다	19	calm	
05	festival		20		광고
06		식료품	21	look for	
07	crane		22		의약품, 약
08		입구, 문	23	able	
09	guess		24		안내, 안내인
10		응시하다	25	buddy	
11	escape		26		신뢰, 신임
12		두 번, 두 배로	27	membership	
13	structure		28		날씬한
14		스트레스를 받다	29	thick	
15	adventure		30		화려한, 값비싼

DAY 19

n	flight	n	half	n	magic
n	memory	adj	narrow	n	hall
adv	online	n	paper	n	muscle
adj	real	n	how to	v	have to
pron	each other	adj	striped	v	suggest
n	stick	n	tuna	n	vitamin
n	area	n	ambulance	adj	alright
v	calculate	n	ballet	n	nephew
adj	clever	v	yell	adj	wise
adj	true	n	traffic	v	print

DAY 19

★ 표시는 **출제 빈도**를 나타냅니다.

---

001 ★ ★ ★

flight

n 여행, 비행 / 항공기

ex We're waiting for our **flight** at the airport.
우리는 공항에서 비행기를 기다리는 중이다.

---

002 ★ ★ ★

half

n 반, 절반

ex The show starts at **half** past eight.
공연은 8시 반에 시작한다.

---

003 ★ ★ ★

magic

n 마법, 마술

ex We'll have a **magic** show featuring Jacky.
우리는 Jacky가 출연하는 마술 공연을 할 것이디.

---

004 ★ ★ ★

memory

n 기억, 추억

ex I have a good **memory** of her.
나는 그녀에 대한 좋은 추억이 있다.

참고 memorial 기념비, 기념하기 위한

---

005 ★ ★ ★

narrow

adj 좁은

ex There is a **narrow** bridge in front.
앞에 좁은 다리가 있다.

---

006 ★ ★ ★

hall

n 현관, 복도, 홀[큰 방]

ex It's right down the **hall**.
그것은 복도 바로 아래에 있다.

예문은 TOSEL 시험에 실제로 출제된 예문입니다.

---

007 ★★★

online

| adv | 온라인으로 | adj | 온라인의 |

ex I enjoy shopping **online**.
나는 온라인 쇼핑을 즐긴다.

🔄 offline 오프라인으로

---

008 ★★★

paper

n 종이

ex Do you want to make **paper** birds with me?
나랑 같이 종이 새를 만들어 볼래?

---

009 ★★★

muscle

n 근육

ex The clay helps him exercise his hand **muscles**.
그 찰흙은 그의 손 근육 운동에 도움을 준다.

---

010 ★★★

real

adj 진짜의, 현실적인

ex Yes, the dinosaurs seem **real**.
맞아, 그 공룡들은 진짜 같아.

---

011 ★★★

how to

n 방법, 요령

ex **how to** make new friends
새로운 친구를 사귀는 방법

---

012 ★★★

have to

v ~해야 한다

ex I **have to** finish the assignment today.
나는 오늘 과제를 끝내야만 한다.

DAY 19

표시는 **출제 빈도**를 나타냅니다.

---

013 ★ ★ ★

each other

pron	**서로**
ex	They take pictures of **each other**. 그들은 서로의 사진을 찍어 준다.

---

014 ★ ★

striped

adj	**줄무늬가 있는**
ex	We have to wear **striped** shirts at the party. 우리는 파티에서 줄무늬가 있는 셔츠를 입어야만 한다.

---

015 ★ ★

suggest

v	**제안하다**
ex	What did Kensa **suggest** for the next trip? Kensa는 다음 여행에서 무엇을 제안했는가?

---

016 ★ ★

stick

n	**스틱, 막대** v **찌르다, 붙이다**
ex	Yosef forgot to bring his hockey **stick**. Yosef은 그의 하키채를 가지고 오는 것을 깜빡했다.

---

017 ★ ★

tuna

n	**참치**
ex	I ate a **tuna** sandwich for lunch. 나는 점심으로 참치 샌드위치를 먹었다.

---

018 ★ ★

vitamin

n	**비타민**
ex	You should take **vitamins** every morning. 당신은 매일 아침 비타민을 섭취해야 한다.

019

area

n 지역, 구역

ex There are workout **areas** for everyone.
모두를 위한 운동 구역이 있다.

020

ambulance

n 구급차

ex The **ambulance** was ringing a siren loudly.
구급차는 큰 소리로 사이렌을 울렸다.

021

alright

adj 괜찮은, 받아들일 만한   **adv** 괜찮게

ex Don't worry. I'm **alright**.
걱정하지마. 나는 괜찮아.

참고 alright = all right

022

calculate

v 계산하다

ex She quickly **calculated** the changes.
그녀는 빠르게 거스름돈을 계산했다.

참고 calculator 계산기

023

ballet

n 발레

ex The **ballet** show was so amazing.
발레 공연은 정말 놀라웠다.

024

nephew

n 조카(남자)

ex I had a good time with my **nephew**.
나는 조카와 즐거운 시간을 보냈다.

참고 niece 조카(여자)

DAY 19

025

clever

adj **영리한, 똑똑한**

ex She is **clever** and bright.
그녀는 밝고 영리하다.

026

yell

v **소리치다**

ex He was **yelling** at the top of the mountain.
그는 산 꼭대기에서 소리치고 있었다.

027

wise

adj **지혜로운, 슬기로운**

ex No man is born **wise**.
태어날 때부터 현명한 사람은 없다.

028

true

adj **사실인, 참인, 진짜의**

ex Tell me it's not **true**.
그것이 진실이 아니라고 나에게 말해줘.

029

traffic

n **차량들, 교통(량)**

ex We worried about **traffic** jams on the road.
우리는 도로의 교통 체증에 대해서 걱정했었다.

참고 traffic jam 교통 체증

030

print

v **인쇄하다**

ex Please **print** out the tickets.
그 입장권 좀 인쇄해 주세요.

Practice

 1. 다음 단어들을 올바르게 연결하세요.

(1) **traffic** •   • (a) **온라인으로**

(2) **suggest** •   • (b) **서로**

(3) **each other** •   • (c) **제안하다**

(4) **online** •   • (d) **차량들**

(5) **clever** •   • (e) **영리한, 똑똑한**

(6) **true** •   • (f) **사실인, 참인**

 2. 우리말에 맞게 빈칸을 완성하세요.

| nephew | wise | yelling | areas |

(1) **There are workout   for everyone.**
모두를 위한 운동 **구역**이 있다.

(2) **No man is born   .**
태어날 때부터 **현명한** 사람은 없다.

(3) **He was   at the top of the mountain.**
그는 산 꼭대기에서 **소리치고 있었다**.

(4) **I had a good time with my   .**
나는 **조카**와 즐거운 시간을 보냈다.

SELF TEST

01	flight		16		스틱, 막대
02		반, 절반	17	tuna	
03	magic		18		비타민
04		기억, 추억	19	area	
05	narrow		20		구급차
06		현관, 복도	21	all right	
07	paper		22		계산하다
08		온라인으로	23	nephew	
09	muscle		24		발레
10		진짜의, 현실적인	25	clever	
11	how to		26		소리치다, 고함
12		~해야 한다	27	wise	
13	each other		28		사실인, 참인
14		줄무늬가 있는	29	traffic	
15	suggest		30		인쇄하다

DAY 20

n	hockey	adj	lovely	n	neighborhood
n	mitten	v	hold	n	luck
n	net	v	pay	adv	however
n	pigeon	n	Antarctica	n	bracelet
n	cart	v	begin	adv	anymore
n	category	n	arrival	n	cave
adv	definitely	n	department	n	energy
adj	helpful	adv	nowadays	n	position
v	survive	v	sail	v	row
n	court	n	martial art	n	chef

⭐ 표시는 **출제 빈도**를 나타냅니다.

---

001 ⭐ ⭐ ⭐

hockey

| n | 하키 |

| ex | Yosef meets with his friends to play **hockey** outside. |

Yosef는 밖에서 하키를 하기 위해서 친구들과 만난다.

---

002 ⭐ ⭐ ⭐

lovely

| adj | 사랑스러운, 아름다운 |

| ex | Oh, what a **lovely** cat. |

오, 너무 사랑스러운 고양이야.

참고 -ly형태이지만 형용사

---

003 ⭐ ⭐ ⭐

neighborhood

| n | 근처, 지역, 주민 |

| ex | Her **neighborhood** is always busy. |

그녀의 지역은 항상 바쁘다.

---

004 ⭐ ⭐ ⭐

mitten

| n | 벙어리 장갑 |

| ex | Are you missing just one **mitten**? |

너 벙어리 장갑 한 짝만 잃어버렸니?

---

005 ⭐ ⭐ ⭐

hold

| v | 잡고 있다, 쥐다 |

| ex | He is **holding** a flag. |

그는 깃발을 들고 있는 중이다.

---

006 ⭐ ⭐ ⭐

luck

| n | 운, 행운 |

| ex | Good **luck** on your race! |

너의 경주에 행운이 있기를 바랄게!

참고 Good luck. 행운을 빕니다.

예문은 TOSEL 시험에 실제로 출제된 예문입니다.

---

007 ★ ★ ★

net

ⓝ **그물[망]**

ex A farmer set a **net** to catch some birds.
농부는 새를 잡기 위해서 그물을 설치했다.

---

008 ★ ★ ★

pay

ⓥ **지불하다**

ex Raj forgot to **pay** money.
Raj는 돈 내는 것을 깜빡했다.

---

009 ★ ★ ★

however

adv **하지만, 그러나**

ex She is not a great singer. **However,** her voice is charming.
그녀는 위대한 가수는 아니다. 하지만, 그녀의 목소리는 매력있다.

---

010 ★ ★ ★

pigeon

ⓝ **비둘기**

ex How did the **pigeons** escape?
비둘기들이 어떻게 탈출한 거지?

---

011 ★

Antarctica

ⓝ **남극 대륙**

ex Penguins live in **Antarctica**.
펭귄은 남극 대륙에 산다.

---

012 ★

bracelet

ⓝ **팔찌**

ex Ava was wearing her **bracelet** on the stage.
Ava는 무대 위에서 그녀의 팔찌를 차고 있었다.

⭐ 표시는 **출제 빈도**를 나타냅니다.

---

013 ⭐

cart

n (손)수레, 카트

ex The girl has many toys in the **cart**.
소녀는 카트에 장난감을 가득 싣고 있다.

---

014 ⭐

begin

v 시작하다

ex It **begins** in October and ends in December.
그것은 10월에 시작해서 12월에 끝난다.

---

015 ⭐

anymore

adv 이제는, 더 이상

ex It's not raining **anymore**.
더 이상 비가 오시 않는다.

---

016 ⭐

category

n 범주, 분류

ex The restaurant won a prize in the best chicken **category**.
그 식당은 최고의 치킨 부문에서 상을 받았다.

---

017 ⭐

arrival

n 도착

ex You can check the **arrival** time in the boarding pass.
당신은 승차권에서 도착 시간을 확인할 수 있다.

---

018 ⭐

cave

n 동굴

ex The animal lives in an ice **cave**.
그 동물은 얼음 동굴에서 산다.

예문은 TOSEL 시험에 실제로 출제된 예문입니다.

019 ★ **definitely**	adv	분명히, 확실히
	ex	She **definitely** loves snow. 그녀는 확실히 눈을 좋아한다.

020 ★ **department**	n	부서, 학과
	ex	Sales **department** will handle the package. 판매부서에서 그 소포를 다룰 것이다.

021 **energy**	n	활기, 기운, 에너지
	ex	He is full of positive **energy**. 그는 긍정적인 기운으로 가득하다. 참고 adj. energetic 활동적인

022 **helpful**	adj	도움이 되는, 기꺼이 돕는
	ex	Thank you for the **helpful** comments. 도움이 되는 논평에 감사합니다.

023 **nowadays**	adv	요즘에는
	ex	**Nowadays**, people tend to go out less. 요즘에는, 사람들이 밖으로 덜 나가려고 한다.

024 **position**	n	위치, 자리
	ex	Please keep everything back in **position**. 모든 것은 제 자리에 놓아주세요.

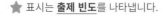 ⭐ 표시는 **출제 빈도**를 나타냅니다.

025

survive

v **생존하다, 살아남다**

ex He showed how to **survive** in the island on TV.
그는 TV에서 그 섬에서 어떻게 살아가는지 보여주었다.

026

sail

v **항해하다[나아가다]**

ex What time do we **sail**?
우리 몇 시에 출항하니?

027

row

v **노[배]를 젓다** n **열[줄]**

ex There is a **rowing** machine in my house.
우리 집에는 노 젓기 운동기구가 있다.

028

court

n **법정, 법원**

ex The criminal appeared on the **court**.
범인이 법정에 나타났다.

029

martial art

n **무술**

ex He wants to learn a **martial art** to protect his family.
그는 가족을 지키기 위해서 무술을 배우고 싶어한다.

참고 martial 싸움의, 전쟁의

030

chef

n **요리사(주방장)**

ex The **chef** of this hotel is famous.
이 호텔의 주방장은 유명하다.

유 cook 요리사

Practice

  1. 다음 단어에 알맞은 철자를 찾아 동그라미 쳐 보세요.

(1) 벙어리 장갑   (miten, mitten, mitteun)

(2) 팔찌   (bracelet, braceret, braselet)

(3) 범주, 분류   (categori, catergory, category)

(4) 분명히, 확실히   (definitely, difinitely, depinitly)

  2. 우리말에 맞게 빈칸을 완성하세요.

anymore   court   energy   nowadays

(1) **He is full of positive** _____.
그는 긍정적인 **기운**으로 가득하다.

(2) _____, **people tend to go out less.**
요즘에는, 사람들이 밖으로 덜 나가려고 한다.

(3) **It's not raining** _____.
더 이상 비가 오지 않는다.

(4) **The criminal appeared on the** _____.
범인이 **법정**에 나타났다.

SELF TEST

01	lovely		16		범주, 분류
02		하키	17	arrival	
03	neighborhood		18		동굴
04		벙어리 장갑	19	definitely	
05	hold		20		부서, 학과
06		운, 행운	21	energy	
07	net		22		도움이 되는
08		지불하다	23	nowadays	
09	however		24		위치, 자리
10		비둘기	25	survive	
11	Antarctica		26		항해하다
12		팔찌	27	row	
13	cart		28		법정, 법원
14		시작하다	29	martial art	
15	anymore		30		요리사(주방장)

TOSEL 실전문제 ④

QR코드를 인식시키면
음원이 재생됩니다

SECTION I. Listening and Speaking

PART C. Listen and Retell

DIRECTIONS: For questions 1 and 2, listen to short conversations and choose the BEST answer for each question. The conversations will be spoken **TWICE.**

지시 사항: 1번과 2번은 짧은 대화를 듣고, 주어진 질문에 가장 알맞은 그림을 고르는 문제입니다. 지문은 **두 번씩** 들려줍니다.

● 2019 TOSEL 기출

1. What did the man give to Liz?

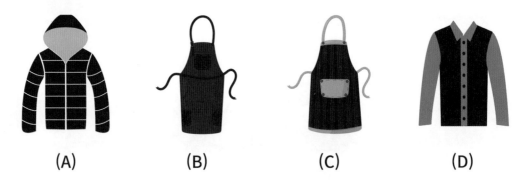

(A)   (B)   (C)   (D)

● 2019 TOSEL 기출

2. Which one is Mike's toy box?

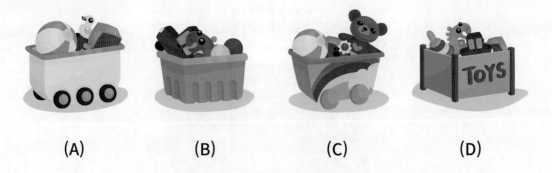

(A)   (B)   (C)   (D)

SECTION II. Reading and Writing

PART B. Situational Writing

DIRECTIONS: For questions 3 to 5, look at the pictures and complete the sentences. Choose the option that BEST completes the picture.

지시 사항: 3번부터 5번까지는 그림을 보고 문장을 완성하는 문제입니다. 가장 알맞은 답을 고르세요.

3.

He _____ the milk on the ground.

(A) tried

(B) tasted

(C) stirred

(D) spilled

4. • 2020 TOSEL 기출

She is _____ some apples.

(A) slicing

(B) baking

(C) cutting

(D) holding

5.

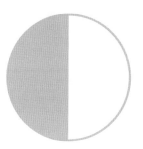

_____ of the circle is filled in yellow.

(A) All

(B) Half

(C) Third

(D) None

CHAPTER 05

DAY 21

n	news	n	plan	n	secret
v	seem	n	taste	n	plastic
prep	through	n	postcard	n	shape
adv	tonight	v	put on	v	hand in
v	celebrate	adv	anywhere	v	charge
adj	damp	n	assignment	v	bet
n	astronaut	v	describe	n	earth
n	bench	n	interview	n	carpenter
v	invent	n	pitch	n	university
n	calendar	n	million	n	bit

DAY ②21

---

001 ⭐⭐⭐

news

n 소식, 뉴스

ex That's great **news**.
그거 정말 좋은 소식이야.

---

002 ⭐⭐⭐

plan

n 계획   v 계획하다

ex Learning a new language is my vacation **plan**.
새 언어를 배우는 것이 내 방학 계획이다.

---

003 ⭐⭐⭐

secret

n 비밀   adj 비밀의

ex I'll tell you some **secrets** to help you run faster.
너한테 빠르게 달리는데 도움이 되는 비밀을 알려 줄게.

---

004 ⭐⭐⭐

seem

v 보이다, ~인 것 같다

ex It **seems** like it will finally stop raining.
마침내 비가 그치려는 것 같다.

㊀ look like ~처럼 보이다

---

005 ⭐⭐⭐

taste

n 맛   v 맛이 …하다, …맛이 나다

ex I like the bitter **taste** of it.
나는 그것의 쓴 맛이 좋다.

---

006 ⭐⭐⭐

plastic

adj 플라스틱으로 된   n 플라스틱

ex They used glass containers instead of **plastic** ones.
그들은 플라스틱 용기 대신에 유리 용기를 사용했다.

참고 plastic bag 비닐봉지

예문은 TOSEL 시험에 실제로 출제된 예문입니다.

---

007 ★ ★ ★

through

`prep` **~을 통해, …사이로**

`ex` He walked **through** the forest.
그는 숲 사이로 걸었다.

---

008 ★ ★ ★

postcard

`n` **그림엽서, 엽서**

`ex` a **postcard** from London
런던에서 온 엽서

---

009 ★ ★ ★

shape

`n` **모양, 형태**   `v` **모양으로 만들다[빚다]**

`ex` It has the **shape** of a dome.
그것은 돔 모양을 가지고 있다.

---

010 ★ ★ ★

tonight

`adv` **오늘 밤에**   `n` **오늘 밤**

`ex` Do you want to watch a movie **tonight**?
오늘 밤에 영화 보지 않을래?

---

011 ★ ★

put on

`v` **~을 입다**

`ex` Every student got to **put on** the space suit.
모든 학생들이 우주복을 입게 되었다.

㊌ wear 입다

---

012 ★ ★

hand in

`v` **제출하다**

`ex` Did you **hand in** your homework?
숙제 제출했니?

DAY 21

---

013 ⭐

celebrate

v 기념하다, 축하하다

ex Connor's family is **celebrating** his graduation.
Connor의 가족은 그의 졸업을 축하해주는 중이다.

㊀ congratulate 축하하다

---

014 ⭐

anywhere

adv 어디에(서)(도) / 어디든, 아무데나

ex You can stop by **anywhere** you want.
너는 너가 원하는 어디에서든 멈췄다가 갈 수 있어.

---

015 ⭐

charge

v 충전하다, 청구하다   **n** 요금

ex The tablet is not **charged**.
태블릿이 충전이 되지 않았다.

---

016 ⭐

damp

adj 축축한

ex The castle is dark, **damp**, and cold.
그 성은 어둡고 축축하고 춥다.

---

017 ⭐

assignment

n 과제

ex Let's do the school **assignment** together.
우리 함께 학교 과제를 하자.

㊀ homework 숙제

---

018 ⭐

bet

v 돈을 걸다, 틀림없다   **n** 내기

ex He **bet** his friend he could eat a lion.
그는 친구에게 사자를 먹을 수 있다고 장담했다.

참고 bet - bet - bet

예문은 TOSEL 시험에 실제로 출제된 예문입니다.

---

019 ⭐

astronaut

n 우주 비행사

ex **Astronauts** can live in their suits for six days.
우주 비행사들은 그들의 우주복에서 6일동안 살 수 있다.

---

020 ⭐

describe

v 말하다, 묘사하다

ex **Describe** your family.
당신의 가족을 묘사해 보아라.

---

021 ⭐

earth

n 지구

ex It is the coldest place on **Earth**.
그곳은 지구에서 가장 추운 지역이다.

---

022 ⭐

bench

n 벤치

ex My grandpa is sitting on a **bench**.
나의 할아버지는 벤치에 앉아 계신다.

023

interview

n 면접, 인터뷰 **v** 면접을 보다

ex She is preparing for the English **interview**.
그녀는 영어 면접을 준비하는 중이다.

024

carpenter

n 목수

ex There is a festival for local **carpenters**.
지역 목수들을 위한 축제가 있다.

㊌ lumberjack 벌목꾼

★ 표시는 **출제 빈도**를 나타냅니다.

025

invent

| v | 발명하다 |

ex Who can **invent** a time machine?
누가 타임머신을 발명할 수 있을까?

026

pitch

| n | 정점, 최고조 | v | 던지다 |

ex There was a tension at the **pitch** of the conflict.
대립의 정점에서 긴장감이 있었다.

027

university

| n | 대학 |

ex At the **university**, we can study what we want.
대학에서, 우리는 원하는 것을 공부할 수 있다.

㉴ college 대학

028

calendar

| n | 달력, 일정표 |

ex Let me check my **calendar**, I'm quite busy these days.
내 달력을 확인할게, 내가 요즘 꽤 바쁘거든.

㉴ schedule 일정

029

million

| n | 백만, 수많은 |

ex There are **millions** of people!
수많은 사람들이 있어!

참고 millionaire 백만장자, 큰 부자

030

bit

| n | 조금, 약간, 잠깐 |

ex Will you help me with my homework a little **bit**?
숙제를 조금 도와줄 수 있니?

Practice

 1. 다음 단어들을 올바르게 연결하세요.

(1) **seem** •   •   (a) 대학

(2) **earth** •   •   (b) 조금, 잠깐, 약간

(3) **pitch** •   •   (c) 발명하다

(4) **university** •   •   (d) 지구

(5) **bit** •   •   (e) 보이다

(6) **invent** •   •   (f) 장점, 최고조

 2. 우리말에 맞게 빈칸을 완성하세요.

> carpenters   calendar   describe   bet

(1) **Let me check my _____, I'm quite busy these days.**
내 **달력**을 확인할게, 내가 요즘 꽤 바쁘거든.

(2) **_____ your family.**
당신의 가족을 **묘사해라**.

(3) **He _____ his friend he could eat a lion.**
그는 친구에게 사자를 먹을 수 있다고 **장담했다**.

(4) **There is a festival for local _____.**
지역 **목수들**을 위한 축제가 있다.

SELF TEST

01	news		16		축축한
02		계획, 계획하다	17	assignment	
03	secret		18		돈을 걸다, 내기
04		보이다	19	astronaut	
05	taste		20		말하다, 묘사하다
06		플라스틱	21	earth	
07	through		22		벤치
08		그림 엽서, 엽서	23	carpenter	
09	shape		24		면접, 인터뷰
10		오늘 밤에	25	invent	
11	put on		26		정점, 최고조
12		제출하다	27	university	
13	celebrate		28		달력, 일정표
14		어디에(서)(도)	29	million	
15	charge		30		조금, 약간

DAY 22

n	pyramid	adj	silver	n	vacuum
n	video	n	present	n	sitter
adj	whole	n	zoo	n	problem
adj	active	adv	of course	n	bone
n	characteristic	n	boot	v	avoid
v	chat	n	award	n	branch
n	diagram	n	child	v	attend
pron	nobody	adj	lonely	n	capital
v	continue	n	rest	adj	weekly
adj	dead	adv	last	v	sew

DAY 22

⭐ 표시는 <u>출제 빈도</u>를 나타냅니다.

---

001 ⭐⭐⭐

pyramid

`n` 피라미드

`ex` We want to go to Egypt to see **pyramids**.
우리는 피라미드를 보기 위해서 이집트에 가기 원한다.

---

002 ⭐⭐⭐

silver

`adj` 은색의   `n` 은

`ex` He wore a **silver** belt.
그는 은색 벨트를 착용했다.

---

003 ⭐⭐⭐

vacuum

`n` 진공   `v` 진공 청소기로 청소하다

`ex` A robot is using a **vacuum** cleaner.
로봇이 진공 청소기를 사용하는 중이다.
참고 vacuum cleaner 진공 청소기

---

004 ⭐⭐⭐

video

`n` 비디오

`ex` I love this **video** game.
나는 이 비디오 게임을 좋아한다.

---

005 ⭐⭐⭐

present

`n` 선물   `adj` 현재의

`ex` He got it as a **present** on his birthday.
그는 이것을 그의 생일 선물로 받았다.

---

006 ⭐⭐⭐

sitter

`n` 돌보는 사람, 간병인

`ex` Mia is a popular pet **sitter** in her neighborhood.
Mia는 주변에서 인기 있는 애완동물 돌보는 사람이다.
참고 baby sitter 아이를 돌보는 사람

CHAPTER 05   Day 22

007

whole

`adj` **전체의, 모든, 온전한**

`ex` Her **whole** body is covered with snow.
그녀의 몸 전체는 눈으로 덮여 있다.

008

zoo

`n` **동물원**

`ex` He made a **zoo** full of animals.
그는 동물로 가득 찬 동물원을 만들었다.

009

problem

`n` **문제**

`ex` What seems to be the **problem**?
문제가 무엇이니?

010

active

`adj` **활동적인, 적극적인**

`ex` She is very **active**, too.
그녀 역시 매우 활동적이다.

㊀ energetic 활동적인

011

# of course

`adv` **물론, 그럼(요)**

`ex` **Of course** you can.
물론 너는 가능해.

012

bone

`n` **뼈**

`ex` I feel like I've broken a **bone**.
뼈가 부러진 느낌이야.

DAY 22

★ 표시는 **출제 빈도**를 나타냅니다.

---

013 ★

characteristic

| n | 특징, 특질 |

| ex | Ligers share many **characteristics** with each parent.
라이거는 많은 특성들을 각 부모와 공유한다. |

참고 character 성격, 기질, 특징

---

014 ★

boot

| n | 부츠(목이 긴 신발), 장화 |

| ex | These **boots** are big.
이 장화는 크다. |

---

015 ★

avoid

| v | 피하다, 방지하다 |

| ex | To **avoid** an accident, you should be careful.
사고를 피하기 위해서, 너는 주의를 기울여야 한다. |

---

016 ★

chat

| v | 담소를 나누다 | n | 담소, 수다 |

| ex | They're **chatting** at a party.
그들은 파티에서 담소를 나누는 중이다. |

---

017 ★

award

| n | 상 | v | 수여하다 |

| ex | Who won the **award**?
누가 그 상을 받았니? |

---

018 ★

branch

| n | 나뭇가지 |

| ex | He made a tree **branch** into a walking stick.
그는 나뭇가지로 지팡이를 만들었다. |

---

019 ★

diagram

n 도표

ex This **diagram** is hard to understand.
이 도표는 이해하기 어렵다.

---

020 ★

child

n 아이, 어린이

ex That **child** seems lost.
저 아이가 길을 잃은 것 같아.

참고 children 아이들

---

021 ★

attend

v 참석하다

ex I have to **attend** the very important meeting.
나는 아주 중요한 미팅에 참석해야 한다.

022

nobody

pron 아무도 … 않다

ex **Nobody** likes the class.
누구도 그 수업을 좋아하지 않는다.

유 no one 아무도 … 않다

023

lonely

adj 외로운, 쓸쓸한

ex I felt **lonely** after school.
방과 후에 나는 외로움을 느꼈다.

024

capital

n 수도 / 대문자

ex Seoul is the **capital** of South Korea.
서울은 한국의 수도이다.

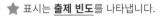
⭐ 표시는 **출제 빈도**를 나타냅니다.

025

continue

`v` 계속되다

`ex` If you want to **continue** this game, please insert a coin.
이 게임을 계속 하고 싶다면, 동전을 넣어라.

026

rest

`n` 휴식   `v` 쉬다, 휴식을 취하다

`ex` You should take a **rest**.
당신은 휴식을 취해야 한다.

027

weekly

`adj` 매주의, 주 1회의

`ex` **weekly** highlight for the soccer championship
축구 대회의 주간 하이라이트

028

dead

`adj` 죽은

`ex` As I didn't water the plant, it is **dead**.
내가 식물에 물을 주지 않아서, 그 식물은 죽었다.

참고 v. die 죽다

029

last

`adv` 마지막에

`ex` The one who comes out **last** should lock the door.
마지막으로 나오는 사람이 문을 잠가야 한다.

030

sew

`v` 바느질하다

`ex` Could you **sew** my shirt, please?
내 셔츠를 꿰매 줄 수 있니?

Practice

 1. 다음 단어에 알맞은 철자를 찾아 동그라미 쳐 보세요.

(1) **진공, 진공청소기로 청소하다**   (vacum, vaccum, vacuum)

(2) **계속되다**   (continue, continu, cuntinue)

(3) **참석하다, 주의를 기울이다**   (ateend, attend, atende)

(4) **수도, 대문자**   (kapital, capitol, capital)

 2. 우리말에 맞게 빈칸을 완성하세요.

present   **diagram**   **avoid**   **chatting**

(1) He got it as a _____ on his birthday.

그는 이것을 그의 생일 **선물**로 받았다.

(2) To _____ an accident, you should be careful.

사고를 **피하기** 위해서 당신은 주의를 기울여야 한다.

(3) They're _____ at a party.

그들은 파티에서 **담소를 나누는** 중이다.

(4) This _____ is hard to understand.

이 **도표**는 이해하기 어렵다.

SELF TEST

01	silver		16		담소를 나누다
02		피라미드	17	award	
03	vacuum		18		나뭇가지
04		돌보는 사람	19	diagram	
05	present		20		아이, 어린이
06		비디오	21	attend	
07	whole		22		아무도 … 않다
08		동물원	23	lonely	
09	problem		24		수도, 대문자
10		활동적인	25	continue	
11	of course		26		휴식을 취하다
12		뼈	27	weekly	
13	characteristic		28		죽은
14		부츠, 장화	29	last	
15	avoid		30		바느질하다

DAY 23

adj	strange	n	soda	v	believe
n	airline	adj	special	n	attention
n	actor	n	cafeteria	n	step
n	cabbage	n	brand	v	chew
adj	due	n	classmate	n	brick
n	code	adj	elder	n	feature
v	encourage	adj	fantastic	v	scream
n	couch	n	rectangle	v	handle
n	toothpaste	n	street	n	meaning
n	chalk	n	bookmark	prep	upon

DAY 23

---

001 ⭐⭐⭐

strange

`adj` **이상한, 낯선**

`ex` I read the book *1,000 **Strange** Things in the World.*
나는 *세상의 1,000가지 이상한 것들*이라는 책을 읽었다.

---

002 ⭐⭐⭐

soda

`n` **탄산음료, 소다**

`ex` How much is this lime **soda**?
이 라임 탄산수는 얼마인가?

---

003 ⭐⭐⭐

believe

`v` **믿다**

`ex` Nisha did not **believe** her parents.
Nisha는 그녀의 부모님을 믿지 않았다.

---

004 ⭐⭐⭐

airline

`n` **항공사**

`ex` What is the name of the **airline**?
그 항공사의 이름이 무엇인가?

---

005 ⭐⭐⭐

special

`adj` **특별한, 특수한**

`ex` What is the **special** event?
어떤 특별한 행사인가?

---

006 ⭐⭐⭐

attention

`n` **주의, 주목, 관심**

`ex` May I have your **attention**, please?
잠깐 주목해 주시겠습니까?

예문은 TOSEL 시험에 실제로 출제된 예문입니다.

007 ★★★

actor

n 배우

ex He is my favorite **actor**.
그는 내가 가장 좋아하는 배우야.

---

008 ★★★

cafeteria

n 구내 식당, 카페테리아

ex Where is the **cafeteria**?
구내 식당은 어디 있니?

---

009 ★★★

step

n 걸음, 단계   v 움직이다

ex **Step** 1 was to wake up at 6:30.
첫 번째 단계는 6시 30분에 일어나는 것이었다.

---

010 ★★★

cabbage

n 양배추

ex Do you want some **cabbage** in your sandwich?
샌드위치에 양배추를 좀 원하니?

---

011 ★

brand

n 상표, 브랜드

ex It is the best **brand** for shoes.
그것은 최고의 신발 브랜드이다.

---

012 ★

chew

v (음식을)씹다

ex As I **chewed** on it, I could taste its sweet flavor.
내가 그것을 씹었을 때, 나는 그것의 단 맛을 느낄 수 있었다.

참고 adj. chewy 쫄깃한

DAY 23

★ 표시는 **출제 빈도**를 나타냅니다.

---

013 ★

due

adj ~로 인한, ~때문에 / ~하기로 되어 있는

ex **Due** to the tight deadline, we could not submit it.
촉박한 마감일 때문에, 우리는 그것을 제출할 수 없었다.

참고 due date 만기일

---

014 ★

classmate

n 급우, 반 친구

ex One of my **classmates** lives in our apartment.
나의 반 친구들 중 한 명이 우리 아파트에 산다.

---

015 ★

brick

n 벽돌

ex He lived in a **brick** house.
그는 벽돌로 된 집에서 살았다.

---

016 ★

code

n 암호, 부호

ex Did you enter the **code** correctly?
암호를 정확하게 입력했니?

---

017 ★

elder

adj 나이가 더 많은

ex My sister is the **elder** one among the two.
나의 언니가 그 둘 중 나이가 더 많다.

---

018 ★

feature

n 특색, 특징

ex The dot is the most striking **feature** of the clothes.
그 점은 이 옷의 가장 두드러진 특색이다.

예문은 TOSEL 시험에 실제로 출제된 예문입니다.

CHAPTER 05   Day 23

019

encourage

(v) **격려하다, 권장하다**

(ex) Ms. Gallo **encouraged** him.
Ms. Gallo는 그를 격려했다.

020

fantastic

(adj) **기막히게 좋은, 환상적인**

(ex) This holiday was **fantastic**.
이번 휴일은 환상적이었어.

021

scream

(n) **비명**   (v) **비명을 지르다 / 소리치다**

(ex) Did you hear a **scream** there?
그곳에서 비명 소리 들었어?

022

couch

(n) **긴 의자, 침상, 소파**

(ex) We'll put a new **couch** here.
우리는 새로운 소파를 이 곳에 둘 거야.

023

rectangle

(n) **직사각형**

(ex) It can be in the shape of a square or a **rectangle**.
그것은 정사각형 또는 직사각형의 모양일 수 있다.

024

handle

(v) **다루다, 만지다**   (n) **손잡이**

(ex) You should **handle** this machine with care.
이 기계를 소중히 다루어야 한다.

025

toothpaste

n 치약

ex The new **toothpaste** doesn't smell good.
새로운 치약은 좋은 향이 나지 않는다.

026

street

n 거리, 도로

ex My favorite store is on this **street**.
내가 가장 좋아하는 가게가 이 거리에 있어.

027

meaning

n 의미, 뜻

ex "Book" has many **meanings**.
"Book"이라는 단어는 많은 의미를 가지고 있다.

028

chalk

n 분필

ex You can use only the **chalks** on the board.
칠판에는 분필만 사용할 수 있다.

029

bookmark

n 즐겨찾기, 책갈피

ex I lost my favorite clover **bookmark**.
내가 제일 좋아하는 클로버 책갈피를 잃어버렸다.

030

upon

prep ~위에 / (수 양이 아주 많음을 강조)

ex Your seat depends **upon** when you arrive.
당신의 자리는 언제 도착하는지에 달려 있습니다.

참고 once upon a time 옛날 옛적에

Practice

 1. 다음 단어들을 올바르게 연결하세요.

(1) **cabbage** •   • (a) **양배추**

(2) **toothpaste** •   • (b) **직사각형**

(3) **bookmark** •   • (c) **치약**

(4) **street** •   • (d) **의미, 뜻**

(5) **meaning** •   • (e) **즐겨찾기, 책갈피**

(6) **rectangle** •   • (f) **거리, 도로**

 2. 우리말에 맞게 빈칸을 완성하세요.

| handle | attention | couch | feature |

(1) **You should**   **this machine with care.**
이 기계를 소중히 **다루어야 한다**.

(2) **The dot is the most striking**   **of the clothes.**
그 점은 이 옷의 가장 두드러진 **특색**이다.

(3) **May I have your**   **, please?**
잠깐 **주목**해 주시겠습니까?

(4) **We'll put a new**   **here.**
우리는 새로운 **소파**를 이곳에 둘 거야.

SELF TEST

01	strange		16		암호, 부호
02		탄산음료, 소다	17	elder	
03	believe		18		특색, 특징
04		항공사	19	encourage	
05	special		20		환상적인
06		주의, 주목, 관심	21	scream	
07	actor		22		긴 의자, 침상
08		구내 식당	23	rectangle	
09	step		24		다루다, 만지다
10		양배추	25	toothpaste	
11	brand		26		거리, 도로
12		(음식을)씹다	27	meaning	
13	due		28		분필
14		급우, 반 친구	29	bookmark	
15	brick		30		~위에

DAY 24

n	subway	pron	such	n	airport
n	bath	n	alarm	prep	beside
v	check	n	design	n	envelope
n	choir	prep	according to	v	dig
v	entertain	n	feeling	n	comedy
n	company	v	discover	v	evaluate
n	fever	n	diet	n	combination
adj	oval	n	dozen	n	luggage
n	business	n	part	adj	global
adj	warm	n	tomb	n	culture

DAY 24

---

001 ★ ★ ★

subway

n 지하철

ex Where is the nearest **subway** station?
가장 가까운 지하철역이 어디니?

참고 subway station 지하철역

---

002 ★ ★ ★

such

pron 그런 / (정도를 강조하여) 그 정도의

ex We spent **such** a long time on the bus.
우리는 버스에서 꽤 오랜 시간을 보냈다.

참고 문법 한정사 / 대명사

---

003 ★ ★ ★

airport

n 공항

ex My aunt picked me up at the **airport**.
나의 고모는 공항에서 나를 데리고 가셨다.

---

004 ★ ★ ★

bath

n 욕조   v 목욕시키다

ex Before you go to bed, you should take a **bath**.
자기 전에, 목욕을 해야 한다.

참고 take a bath 목욕하다

---

005 ★ ★ ★

alarm

n 경보, 경고 신호

ex Someone activated the fire **alarm**.
누군가 화재 경보기를 작동시켰다.

---

006 ★ ★ ★

beside

prep 옆에

ex It's right **beside** the library.
그 곳은 도서관 바로 옆에 있다.

예문은 TOSEL 시험에 실제로 출제된 예문입니다.

CHAPTER 05   Day 24

007 ★ ★ ★

check

v **살피다, 점검하다**

ex When did the woman **check** the flowers?
여자는 언제 꽃을 확인했는가?

---

008 ★ ★ ★

design

n **디자인, 설계**   v **디자인하다**

ex I really love its interior **design**.
나는 그곳의 내부 디자인이 너무 마음에 들어.

---

009 ★ ★ ★

envelope

n **봉투**

ex I put the **envelopes** in hot water.
나는 봉투를 뜨거운 물에 넣었다.

---

010 ★ ★ ★

choir

n **합창단, 성가대**

ex How often does the **choir** practice?
합창단은 얼마나 자주 연습하는가?

---

011 ★ ★ ★

according to

prep **~에 따르면**

ex **According to** the passage, the man works at the hosptial.
본문에 따르면, 남자는 병원에서 일한다.

---

012 ★

dig

v **파다**

ex They **dug** the ground.
그들은 땅을 팠다.

참고 dig-dug-dug

Basic Book 2   87

DAY 24

⭐ 표시는 **출제 빈도**를 나타냅니다.

---

013 ⭐

entertain

v 즐겁게 하다

ex Students will **entertain** you with different types of music.
학생들은 다른 종류의 음악으로 당신을 즐겁게 해줄 것이다.

---

014 ⭐

feeling

n 느낌[기분], 생각

ex She writes about her **feelings**.
그녀는 그녀의 감정을 적는다.

㊔ emotion 감정

---

015 ⭐

comedy

n 희극, 코미디

ex Do you like **comedy** movies?
코미디 영화 좋아하니?

---

016 ⭐

company

n 회사, 단체

ex I called a moving **company**.
나는 이삿짐 회사에 전화했다.

---

017 ⭐

discover

v 발견하다, 찾다

ex He **discovered** a health cure.
그는 치료법을 발견했다.

㊔ find 찾다

---

018 ⭐

evaluate

v 평가하다

ex The teacher **evaluates** the student's attitude.
선생님은 학생의 태도를 평가한다.

예문은 TOSEL 시험에 실제로 출제된 예문입니다.

019 ⭐

fever

| n | 열 |

ex I think I have a **fever**.
나 열이 나는 것 같아.

020 ⭐

diet

| n | 식사, 식습관, 다이어트 | | v | 다이어트 하다 |

ex Mina's uncle is on a bad **diet**.
Mina의 삼촌은 안좋은 식이요법을 하고 있다.

021 ⭐

combination

| n | 조합 |

ex Ligers are a **combination** of two animals.
라이거는 두 동물의 결합체이다.

022

oval

| adj | 계란형의, 타원형의 | | n | 타원형 |

ex The table has an **oval** shape.
그 탁자는 타원형 모양을 가지고 있다.

023

dozen

| n | 12개짜리 한 묶음, 다스 |

ex She gave me a **dozen** crayon.
그녀는 나에게 크레용 한 다스를 주었다.

024

luggage

| n | (여행용) 짐, 수하물 |

ex Check your **luggage** before you board.
탑승하기 전에 수하물을 확인해라.

⑾ baggage 수하물

DAY 24

⭐ 표시는 **출제 빈도**를 나타냅니다.

025

business

n	사업, 상업, 장사 / 일, 업무

ex My aunt owns her own **business**.
나의 이모는 자신의 사업을 하신다.

026

part

n	일부, 약간, 부분

ex Some **parts** of the story didn't make sense.
이야기의 몇몇 부분들은 타당하지 않았다.

027

global

adj	세계적인, 지구의

ex **Global** warming is a big problem.
지구온난화는 큰 문제이다.

028

warm

adj	따뜻한	v	따뜻하게 하다

ex Your hands will get **warm** if you wear these gloves.
이 장갑을 끼면 손이 따뜻해질거야.
(반) cool 시원한, 식히다

029

tomb

n	무덤

ex I found a **tomb** in the mountain.
나는 산 속에서 무덤을 발견했다.
(유) grave 무덤

030

culture

n	문화

ex Today, we'll learn about American **culture**.
오늘, 우리는 미국 문화에 대해서 배울 예정이다.

Practice

 1. 다음 단어에 알맞은 철자를 찾아 동그라미 쳐 보세요.

(1)　　옆에, ~에 비해　　(beside, biside, becide)

(2)　　발견하다, 찾다　　(diskover, discover, discuver)

(3)　　평가하다　　(evaluate, ebaluate, evalute)

(4)　　문화　　(curlture, kulture, culture)

 2. 우리말에 맞게 빈칸을 완성하세요.

feelings　　dozen　　grave　　beside

(1) She gave me a _____ crayon.

그녀는 나에게 크레용 **한 다스**를 주었다.

(2) I found a _____ in the mountain.

나는 산 속에서 **무덤**을 발견했다.

(3) It's right _____ the library.

도서관 바로 **옆에** 있어.

(4) She writes about her _____.

그녀는 그녀의 **감정**에 대해 적는다.

SELF TEST

01	subway		16		회사, 단체
02		그런, 그 정도의	17	discover	
03	airport		18		평가하다
04		욕조, 목욕시키다	19	fever	
05	alarm		20		식사, 식습관
06		옆에	21	combination	
07	check		22		타원형의
08		디자인, 설계	23	dozen	
09	envelope		24		짐, 수하물
10		합창단, 성가대	25	business	
11	according to		26		일부, 부분
12		파다	27	global	
13	entertain		28		따뜻한
14		느낌[기분], 생각	29	tomb	
15	comedy		30		문화

DAY 25

n	chore		n	graduation		v	hang
n	invitation		adj	comfortable		n	medicine
n	language		adj	opposite		n	pair
v	remove		adv	probably		n	tradition
v	disappoint		n	continent		n	example
n	figure		n	garbage		adj	handsome
adj	excellent		n	gender		v	bump
adj	valuable		v	upset		adj	tiny
adv	suddenly		v	wipe		n	topic
v	claim		n	manner		n	future

★ 표시는 **출제 빈도**를 나타냅니다.

---

001 ★ ★ ★

chore

| n | (정기적으로 하는)일, 하기 싫은 [따분한] 일 |

ex Every Sunday, I have to do **chores**, helping my mother.
매주 일요일, 나는 엄마를 도와 집안일을 해야 한다.

---

002 ★ ★ ★

graduation

| n | 졸업, 졸업식 |

ex Travis wanted to get a haircut before **graduation**.
Travis는 졸업식 전에 머리를 자르고 싶어했다.

---

003 ★ ★ ★

hang

| v | 걸다, 매달다 |

ex We **hung** balloons in the classroom.
우리는 교실에 풍선을 매달았다.

참고 hang-hung-hung

---

004 ★ ★ ★

invitation

| n | 초대, 초대장 |

ex What is this **invitation** for?
무엇에 대한 초대장이니?

참고 v. invite 초대하다

---

005 ★ ★ ★

comfortable

| adj | 편안한 |

ex The sofa was **comfortable**.
그 소파는 편안했다.

---

006 ★ ★ ★

medicine

| n | 약, 약물 / 의학, 의술 |

ex Have you taken any **medicine** yet?
아직 약 안 먹었니?

---

007 ★★★

language

n 언어, 말

ex He wants to learn many new **languages**.
그는 많은 새로운 언어들을 배우고 싶어한다.

---

008 ★★★

opposite

adj 다른 편[쪽]의, 건너편의　　**n** 반대

ex They came from the **opposite** side.
그들은 반대편에서 넘어왔다.

---

009 ★★★

pair

n (짝을 이루는 물건)　　**v** 짝을 짓다

ex I have to get a **pair** of shoes for my sports class.
나는 스포츠 수업을 위한 신발을 사야만 한다.

---

010 ★★★

remove

v 치우다, 제거하다

ex Please **remove** the photo from the wall.
그 벽에 있는 사진 좀 치워 주세요.

---

011 ★★★

probably

adv 아마

ex Mel will **probably** find a new job in Edinburgh.
Mel은 아마 Edinburgh에서 새로운 직업을 찾을 것이다.

---

012 ★

tradition

n 전통, 관습

ex Drinking tea in this way is an old **tradition**.
이 방식으로 차를 마시는 것은 오래된 전통이다.

참고 adj. traditional 전통적인

Basic Book 2 95

DAY 25

---

013 ⭐

disappoint

v 실망시키다

ex The news has greatly **disappointed** me.
그 소식은 나를 크게 실망시켰다.

---

014 ⭐

continent

n 대륙

ex Asia is the largest **continent**.
아시아는 가장 큰 대륙이다.

---

015 ⭐

example

n 예[사례/보기] / 본보기, 전형

ex For **example**, there are robot vacuum cleaners.
예를 들면, 로봇 진공 청소기가 있다.

---

016 ⭐

figure

n 수치, 숫자 / 인물, 모습

ex The puzzle is full of confusing **figures**.
그 퍼즐은 헷갈리는 숫자들로 가득차있다.

---

017 ⭐

garbage

n 쓰레기, 쓰레기장

ex All **garbage** goes in the trash can.
모든 쓰레기는 쓰레기통에 넣어야 한다.

---

018 ⭐

handsome

adj 멋진, 잘생긴

ex I think my father is the most **handsome** man in the world.
나는 아빠가 세상에서 가장 멋있는 사람이라고 생각한다.

---

019 ⭐

excellent

`adj` **훌륭한, 탁월한**

`ex` She is an **excellent** student.
그녀는 훌륭한 학생이다.

---

020 ⭐

gender

`n` **성, 성별**

`ex` Our school divided the classes by **gender**.
우리 학교는 성별로 학급을 나누었다.

---

021 ⭐

bump

`v` **부딪치다**

`ex` They **bumped** into each other.
그들은 서로 부딪쳤다.

ⓤ hit 치다, 때리다

---

022 ⭐

valuable

`adj` **소중한, 귀중한, 값 비싼**

`ex` Which item is the most **valuable**?
가장 값 비싼 품목이 무엇인가?

---

023 ⭐

upset

`v` **속상하게 만들다**   `adj` **속상한**

`ex` His unfair reaction **upsets** me.
그의 불공평한 반응이 나를 속상하게 한다.

---

024 ⭐

tiny

`adj` **아주 작은[적은]**

`ex` The shoes are too **tiny** for him.
그 신발은 그에게 너무 작다.

ⓤ small 작은

★ 표시는 **출제 빈도**를 나타냅니다.

---

025 ★

suddenly

adv **갑자기**

ex **Suddenly**, someone touched his balloon from behind.
갑자기, 누군가 그의 풍선을 뒤에서 건드렸다.

---

026 ★

wipe

v **닦다**

ex **Wipe** the sand off your feet first.
먼저 발의 모래를 닦아내라.

유 clean 청소하다

---

027 ★

topic

n **화제, 주제**

ex She teaches difficult science **topics** in class.
그녀는 어려운 과학 주제를 가르친다.

028

claim

v **주장하다, 요구하다**

ex The baker **claims** he makes the best cookies.
그 제빵사는 그가 최고의 쿠키를 만든다고 주장한다.

유 ask for 요구하다

029

manner

n **방식, 태도, 예의**

ex I don't like his bad table **manners**.
나는 그의 그릇된 식사예절을 좋아하지 않는다.

030

future

n **미래, 장래, 앞날** adj **미래의**

ex She usually writes down her plans for the **future**.
그녀는 종종 그녀의 미래에 대한 계획을 적는다.

Practice

 1. 다음 단어들을 올바르게 연결하세요.

(1) **graduation** •   • (a) **졸업, 졸업식**

(2) **chore** •   • (b) **일**

(3) **bump** •   • (c) **편안한**

(4) **medicine** •   • (d) **약, 의학**

(5) **comfortable** •   • (e) **실망시키다**

(6) **disappoint** •   • (f) **부딪치다**

 2. 우리말에 맞게 빈칸을 완성하세요.

| upsets | manners | future | hung |

(1) **I don't like his bad table**   **.**
나는 그의 그릇된 식사**예절**을 좋아하지 않는다.

(2) **She usually writes down her plans for the**   **.**
그녀는 종종 그녀의 **미래**에 대한 계획을 적는다.

(3) **We**   **balloons in the classroom.**
우리는 교실에 풍선을 **매달았다**.

(4) **His unfair reaction**   **me.**
그의 불공평한 반응이 나를 **속상하게 한다**.

SELF TEST

01	chore		16		수치, 숫자
02		졸업, 졸업식	17	garbage	
03	hang		18		멋진, 잘생긴
04		초대, 초대장	19	excellent	
05	comfortable		20		성, 성별
06		약, 의학	21	bump	
07	language		22		소중한, 귀중한
08		다른 편의, 반대	23	upset	
09	pair		24		아주 작은
10		제거하다	25	suddenly	
11	probably		26		닦다
12		전통, 관습	27	topic	
13	disappoint		28		주장하다
14		대륙	29	manner	
15	example		30		미래, 장래

TOSEL 실전문제 ⑤

QR코드를 인식시키면
음원이 재생됩니다

SECTION I. Listening and Speaking

PART A. Listen and Recognize

DIRECTIONS: For questions 1 to 3, listen to the sentences and choose the BEST picture.
The sentences will be spoken **TWICE.**

지시 사항: 1번부터 3번까지는 단어 또는 문장을 듣고, 가장 알맞은 그림을 고르는 문제입니다.
문제는 **두 번씩** 들려줍니다.

1. • 2020 TOSEL 기출

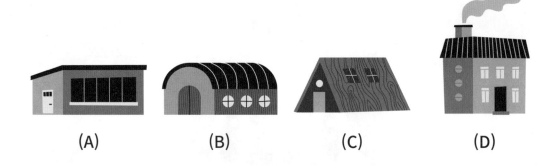

(A) (B) (C) (D)

2. • 2020 TOSEL 기출

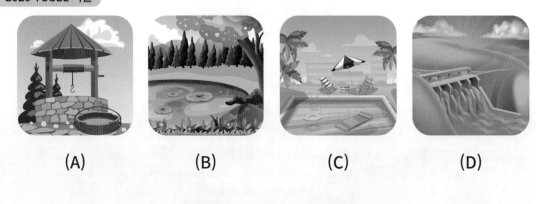

(A) (B) (C) (D)

3.

(A) (B) (C) (D)

SECTION II. Reading and Writing

PART B. Situational Writing

DIRECTIONS: For questions 4 and 5, look at the pictures and complete the sentences. Choose the option that BEST completes the picture.

지시 사항: 4번과 5번은 그림을 보고 문장을 완성하는 문제입니다. 가장 알맞은 답을 고르세요.

4.

There is a blue _____.

(A) soap

(B) sponge

(C) toothpaste

(D) toothbrush

5. • 2019 TOSEL 기출

She is _____ clothes on the line.

(A) finding

(B) sewing

(C) packing

(D) hanging

CHAPTER 06

DAY 26

n	cucumber	v	decorate	n	gear
n	honey	n	life	n	dessert
n	member	n	gold	n	level
v	mention	n	district	v	exhibit
v	flow	v	exist	v	donate
v	joke	v	focus	adj	giant
n	lawn	v	manage	adj	Pacific
n	owl	n	occasion	n	novel
n	peace	n	quality	adj	remote
n	target	adj	similar	adj	shy

DAY 26

---

001 ★ ★ ★

cucumber

n   오이

ex   How about some **cucumbers** for salad?
샐러드에 오이는 어때?

---

002 ★ ★ ★

decorate

v   장식하다, 꾸미다

ex   He **decorated** his home with shells.
그는 조개껍질로 그의 집을 장식했다.

---

003 ★ ★ ★

gear

n   기어, 장비

ex   She put her camping **gear** in the car.
그녀는 캠핑 장비를 차에 넣었다.

---

004 ★ ★ ★

honey

n   꿀, 벌꿀

ex   Bob helps his aunt get the **honey**.
Bob은 그의 고모가 꿀을 채집하는 것을 돕는다.

---

005 ★ ★ ★

life

n   삶, 생(명)

ex   How is **life** on Jeju island?
제주도에서의 삶은 어때?

---

006 ★ ★ ★

dessert

n   디저트, 후식

ex   We will have a cupcake for **dessert**.
우리는 후식으로 컵케이크를 먹을 것이다.

007 ★ ★ ★

member

n 구성원, 회원

ex The team **members** have to guess the words.
팀 구성원들은 단어를 추측해야 한다.

---

008 ★ ★ ★

gold

n 금, 금화   **adj** 금색의

ex It is a toilet made of **gold**.
그것은 금으로 만든 화장실이다.

---

009 ★ ★ ★

level

n 정도[수준]

ex His English **level** is high.
그의 영어수준은 높다.

---

010 ★ ★ ★

mention

v 언급하다, 말하다

ex I **mentioned** it in the class.
나는 그것을 수업시간에 언급했었다.

---

011 ★ ★ ★

district

n 지구[지역], 구역

ex This **district** is still under development.
이 지역은 아직 개발 중에 있다.
㊌ area 범위, 부분

---

012 ★ ★ ★

exhibit

v 전시하다   **n** 전시품

ex A lot of art pieces are **exhibited** in the museum.
박물관에 많은 미술 작품들이 전시되어 있다.
참고 n. exhibition 전시회

---

013 ★

flow

| v | 흐르다 | n | 흐름 |

ex There is a river **flowing** next to the castle.
성 옆에 강이 흐르고 있다.

---

014 ★

exist

| v | 존재[실재/현존]하다 |

ex Unicorns do not **exist** in real life.
유니콘은 현실에서 존재하지 않는다.

참고 n. existence 존재, 실존

---

015 ★

donate

| v | 기부[기증]하다 |

ex The man has **donated** books to schools for 20 years.
그 남자는 20년 동안 학교에 책을 기증해왔다.

---

016 ★

joke

| v | 농담하다 | n | 농담 |

ex I'm just **joking**.
나는 단지 농담하고 있는 거야.

---

017 ★

focus

| v | 집중하다[시키다] | n | 주목 |

ex We become more **focused** with enough sleep.
우리는 충분한 수면으로 인해 더욱 집중하게 되었다.

---

018 ★

giant

| adj | 거대한, 위대한 | n | 거인 |

ex Queen Amy lived in a **giant** palace.
Amy 여왕은 거대한 궁전에 살았다.

유 huge 거대한, 막대한

예문은 TOSEL 시험에 실제로 출제된 예문입니다.

019 ⭐

lawn

n 잔디밭, 잔디 구장

ex It has a huge **lawn** with a lot of trees.
거대한 잔디와 함께 많은 나무가 있다.

---

020 ⭐

manage

v 운영[경영/관리]하다

ex They **manage** a supermarket together.
그들은 같이 슈퍼마켓을 운영한다.
㊡ direct 감독하다, 지시하다

---

021 ⭐

Pacific

adj 태평양의   n 태평양

ex The air current has come from **Pacific** Ocean.
그 기류는 태평양에서 불어 왔다.

---

022 ⭐

owl

n 올빼미, 부엉이

ex An **owl** is a symbol of the night.
올빼미는 밤의 상징이다.

---

023 ⭐

occasion

n 때, 행사

ex Birthdays are a special **occasion**.
생일은 특별한 행사이다.

---

024 ⭐

novel

n 소설

a new **novel** by Dean Bano
Dean Bano의 새로운 소설 작품

DAY 26

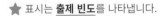

★ 표시는 **출제 빈도**를 나타냅니다.

---

025 ★

peace

n 평화, 평온, 화목

ex They promised to keep the **peace** for a while.
그들은 당분간 평화를 유지하기로 약속했다.

---

026 ★

quality

n 질, 우수함, 양질

ex The price is too high for its **quality**.
그것의 품질에 비해 가격이 너무 높다.

---

027 ★

remote

adj 먼, 원격의

ex My grandfather always keeps his **remote** control in his hand.
할아버지는 항상 손에 리모콘을 쥐고 계신다.

참고 remote control 리모콘

---

028 ★

target

n 목표, 대상, 표적

ex They are our **target** customers.
그들은 우리의 목표 고객들이다.

---

029 ★

similar

adj 비슷한, 유사한, 닮은

ex I have one **similar** to yours.
나는 너의 것과 비슷한 것을 가지고 있다.

---

030 ★

shy

adj 수줍음을 타는, 부끄러워하는

ex She gets very **shy** in front of strangers.
그녀는 낯선 사람들 앞에서 부끄러움을 탄다.

Practice

 1. 다음 단어에 알맞은 철자를 찾아 동그라미 쳐 보세요.

(1) 디저트, 후식 (desert, dessert, dezert)

(2) 지구[지역], 구역 (district , districte, distrikt)

(3) 전시하다, 전시품 (exibit, eghibit, exhibit)

(4) 운영[경영/관리]하다 (manage, manege, menage)

 2. 우리말에 맞게 빈칸을 완성하세요.

shy   occasion   members   decorated

(1) **She gets very**   **in front of strangers.**
그녀는 낯선 사람들 앞에서 **부끄러움을 탄다.**

(2) **He**   **his home with shells.**
그는 조개껍질로 그의 집을 **장식했다.**

(3) **The team**   **have to guess the words.**
팀 **구성원들**은 단어를 추측해야 한다.

(4) **Birthdays are a special**   **.**
생일은 특별한 **행사**이다.

SELF TEST

01	cucumber		16		농담, 농담하다
02		장식하다, 꾸미다	17	focus	
03	gear		18		거인, 거대한
04		꿀, 벌꿀	19	lawn	
05	life		20		태평양의
06		디저트, 후식	21	manage	
07	member		22		올빼미, 부엉이
08		금, 금화	23	occasion	
09	level		24		소설
10		말하다, 언급하다	25	peace	
11	district		26		질, 우수함
12		전시하다, 전시품	27	remote	
13	flow		28		목표, 대상, 표적
14		기부[기증]하다	29	similar	
15	exist		30		수줍음을 타는

DAY 27

v	divide	n	French	n	heel
n	mouse	adj	elementary	n	notice
adj	past	v	remember	adj	quick
n	pillow	n	journal	n	flavor
v	cover	v	glide	n	cone
n	gym	n	heat	n	insect
n	bucket	n	landscape	n	husband
n	material	adj	outdoor	v	participate
n	seal	v	realize	adj	lazy
n	reason	n	mistake	n	pepper

⭐ 표시는 **출제 빈도**를 나타냅니다.

---

001 ⭐⭐⭐

divide

> v **나누다**

> ex I will **divide** the banana for you.
> 널 위해 그 바나나를 나누어 놓을게.

---

002 ⭐⭐⭐

French

> n **프랑스어** adj **프랑스의**

> The **French** class is too hard for me.
> 그 프랑스어 수업은 나에게 너무 어렵다.

---

003 ⭐⭐⭐

heel

> n **발뒤꿈치**

> ex Your **heel** should not slip when you walk.
> 당신이 걸을 때 당신의 발뒤꿈치가 미끄러지지 않아야 한다.

---

004 ⭐⭐⭐

mouse

> n **쥐**

> ex Why couldn't the **mouse** climb out of the basket?
> 그 쥐는 왜 바구니에서 올라오지 못했는가?

---

005 ⭐⭐⭐

elementary

> adj **초보의, 기본적인**

> ex I've known him since we were in **elementary** school.
> 나는 우리가 초등학교에 다닐 때부터 그를 알았다.

> 참고 elementary school 초등학교

---

006 ⭐⭐⭐

notice

> n **공고문[안내문]** v **알아차리다**

> ex The **notice** says we can't park here.
> 안내문에 우리는 여기에 주차할 수 없다고 나와 있어.

예문은 TOSEL 시험에 실제로 출제된 예문입니다.

---

007 ★ ★ ★

past

| adj | **지나간** | n | **과거** |

ex   It's already ten **past** eight.
벌써 8시 10분이야.

참고 A past B (시간) B시 A분

---

008 ★ ★ ★

remember

v   **기억하다, 회상하다**

ex   Before you camp, **remember** the rules.
캠핑 하기 전에, 규칙을 기억해라.

---

009 ★ ★ ★

quick

adj   **빠른, 신속한**

ex   It was a **quick** service.
그것은 빠른 서비스였다.

참고 adv. quickly 빨리, 곧

---

010 ★ ★ ★

pillow

n   **베개**

ex   I need to buy a new **pillow**.
나는 새로운 베개를 사야 한다.

---

011 ★ ★

journal

n   **학술지, 일기, 신문, 저널**

ex   Pedro writes in his **journal** every day.
Pedro는 매일 일기를 쓴다.

참고 n. journalist 기자

---

012 ★

flavor

n   **풍미, 향미, 맛**

ex   This food has a sour **flavor**.
이 음식은 신 맛이 난다.

DAY 27

013 ⭐

cover

> v 덮다, 씌우다　　n 덮개, 커버

> ex When they came, they were **covered** in mud.
> 그들이 왔을 때, 그들은 진흙으로 덮여 있었다.

---

014 ⭐

glide

> v 미끄러지듯 가다　　n 미끄러짐

> ex His sleigh is not **gliding** smoothly.
> 그의 썰매는 매끄럽게 미끄러지지 않는다.

> ㉠ slip 미끄러지다

---

015 ⭐

cone

> n 원뿔, 원뿔형 물체

> ex We wore a **cone** hat to celebrate his birthday.
> 우리는 그의 생일을 축하해주기 위해 원뿔 모자를 썼다.

---

016 ⭐

gym

> n 체육관

> ex He is running at the **gym**.
> 그는 체육관에서 뛰는 중이다.

---

017 ⭐

heat

> n 열기, 열　　v 뜨겁게 만들다

> ex I could feel the **heat** coming out of the door.
> 나는 문 밖으로 나오는 열기를 느낄 수 있었다.

> ㉠ warm 따뜻하게 하다

---

018 ⭐

insect

> n 곤충

> ex She is scared of **insects**.
> 그녀는 곤충들을 무서워한다.

019 ★

bucket

| n | 양동이 |

ex The man is pouring water into a **bucket**.
남자는 양동이에 물을 붓는 중이다.

---

020 ★

landscape

| n | 풍경 |

ex What a nice **landscape** here!
여기 경치 너무 좋다!

---

021 ★

husband

| n | 남편 |

ex Ben is Anne's **husband**.
Ben은 Anne의 남편이다.

참고 wife 아내, 부인

---

022 ★

material

| n | 재료, 직물 |

ex She is making her teaching **materials**.
그녀는 그녀의 교습 자료를 만드는 중이다.

---

023 ★

outdoor

| adj | 야외의 |

ex My family went to the park to watch an **outdoor** concert.
우리 가족은 야외 공연을 보기 위해 공원에 갔다.

---

024 ★

participate

| v | 참가하다 |

Please **participate** in the team project.
팀 프로젝트에 참가하세요.

참고 n. participant 참가자

CHAPTER 06 Day 27

DAY 27

---

025 ★

seal

n **물개, 바다표범**

The **seals** are in danger.
바다표범들이 위험에 빠져있다.

참고 v. seal 밀봉하다

---

026 ★

realize

v **깨닫다, 알아차리다**

Yosef **realized** he forgot to do his homework.
Yosef는 숙제를 깜빡했다는 사실을 깨달았다.

---

027 ★

lazy

adj **게으른**

He is smart, but somewhat **lazy**.
그는 똑똑하지만, 다소 게으르다.

---

028 ★

reason

n **이유, 까닭, 근거**

What is the **reason** for the failure?
실패의 이유가 무엇이니?

---

029 ★

mistake

n **실수, 잘못** v **오해하다**

My friend made no **mistakes**.
내 친구는 실수하지 않았다.

참고 make a mistake 실수하다

---

030 ★

pepper

n **후추, 고추, 피망**

Could you please pass the **pepper**?
후추 좀 건네 주시겠어요?

Practice

 1. 다음 단어들을 올바르게 연결하세요.

(1) **French** • • (a) **실수, 잘못**

(2) **elementary** • • (b) **참가하다**

(3) **participate** • • (c) **프랑스어**

(4) **reason** • • (d) **깨닫다**

(5) **mistake** • • (e) **초보의, 기초적인**

(6) **realize** • • (f) **이유, 까닭**

 2. 우리말에 맞게 빈칸을 완성하세요.

| lazy | notice | realized | bucket |

(1) **The man is pouring water into a** _____ **.**
남자는 **양동이**에 물을 붓는 중이다.

(2) **He is smart, but somewhat** _____ **.**
그는 똑똑하지만, 다소 **게으르다**.

(3) **The** _____ **says we can't park here.**
안내문에 우리는 여기에 주차할 수 없다고 나와있어.

(4) **Yosef** _____ **he forgot to do his homework.**
Yosef는 숙제를 깜빡했다는 사실을 **깨달았다**.

SELF TEST

01	French		16		체육관
02		나누다	17	heat	
03	heel		18		곤충
04		쥐	19	bucket	
05	elementary		20		풍경
06		공고문	21	husband	
07	past		22		재료, 직물
08		기억하다	23	outdoor	
09	quick		24		참가하다
10		베개	25	seal	
11	journal		26		깨닫다
12		풍미, 향미, 맛	27	lazy	
13	cover		28		이유, 까닭, 근거
14		원뿔	29	mistake	
15	glide		30		후추, 고추

DAY 28

색상으로 8품사 구분하기

n	명사	noun	pron	대명사	pronoun
v	동사	verb	adj	형용사	adjective
adv	부사	adverb	conj	접속사	conjunction
prep	전치사	preposition	int	감탄사	interjection

v	dive	v	fry	n	gallery
n	octopus	v	perform	n	restroom
v	review	n	sale	v	prepare
v	scramble	v	contain	n	experience
adj	flat	adj	free	v	control
n	grain	n	flea market	v	grow
n	hen	v	improve	n	hut
n	kingdom	n	lap	n	lottery
n	moment	adj	native	adj	own
adj	perfect	adj	poor	n	needle

DAY 28

---

001 ★ ★ ★

dive

v 뛰어들다, 다이빙하다

ex She **dives** into the snow.
그녀는 눈 속으로 뛰어든다.

---

002 ★ ★ ★

fry

v 굽다[부치다], 튀기다

ex We ate both hamburgers and **fried** chicken.
우리는 햄버거와 튀긴 닭을 둘 다 먹었다.

참고 French fries 감자튀김

---

003 ★ ★ ★

gallery

n 미술관, 화랑

ex I'm waiting for her in front of the art **gallery**.
나는 미술관 앞에서 그녀를 기다리는 중이다.

---

004 ★ ★ ★

octopus

n 문어

ex An **octopus** has eight legs.
문어는 8개의 다리를 가지고 있다.

---

005 ★ ★ ★

perform

v 행하다[수행하다], 공연하다

ex The dancers will **perform** next.
무용수들이 다음으로 공연할 것이다.

참고 n. performance 공연

---

006 ★ ★ ★

restroom

n 화장실

ex Excuse me. Is there a **restroom** here?
실례합니다. 여기 화장실이 있나요?

예문은 TOSEL 시험에 실제로 출제된 예문입니다.

---

007 ★★★

review

 v 검토하다　　n 검토, 논평

ex I **reviewed** the book again, but couldn't find any mistakes.
나는 책을 다시 검토해봤지만, 어떤 오류도 발견하지 못했다.

---

008 ★★★

sale

n 판매, 매출, 할인 판매

ex When does the **sale** end?
그 할인 판매가 언제 끝나니?

---

009 ★★★

prepare

v 준비하다[시키다]

ex Wang and Lee **prepare** food and snacks.
Wang과 Lee는 음식과 다과를 준비한다.

---

010 ★★★

scramble

v 으깨다

ex I cooked some **scrambled** eggs for my mother.
나는 엄마를 위해서 으깬 달걀을 요리했다.

---

011 ★

contain

v ~이 들어있다

ex It **contains** a lot of vitamins.
그것은 많은 비타민을 함유하고 있다.

참고 n. container 용기

---

012 ★

experience

v 경험[경력]

ex How was your **experience** with the activities?
그 활동들의 경험은 어땠니?

013 ⭐

flat

`adj` **평평한**

`ex` We know the earth is not **flat**.
우리는 지구가 평평하지 않다는 것을 안다.

---

014 ⭐

free

`adj` **자유로운, 무료의**

`ex` The admission fee is **free** to children.
입장료는 아이들에게 무료이다.

---

015 ⭐

control

`v` **지배하다, 통제하다**   `n`   **지배, 통제**

`ex` He couldn't **control** his mind.
그는 그의 감정을 통제하지 못했다.

---

016 ⭐

grain

`n` **곡물, 곡식**

`ex` She was collecting **grains** for winter.
그녀는 겨울을 대비해서 곡물을 모으는 중이었다.

---

017 ⭐

flea market

`n` **벼룩시장**

`ex` There are a lot of items in the **flea market**.
벼룩 시장에는 다양한 품목이 있다.

---

018 ⭐

grow

`v` **커지다, 자라다**

`ex` He **grew** up in Spain.
그는 스페인에서 자랐다.
참고 grow-grew-grown

예문은 TOSEL 시험에 실제로 출제된 예문입니다.

019 ★

hen

n **암탉, (새의) 암컷**

ex The **hen** laid the eggs.
그 암탉은 알들을 낳았다.

참고 rooster 수탉

---

020 ★

improve

v **개선하다, 향상시키다**

ex Your English has **improved** a lot.
너의 영어는 많이 향상되었다.

---

021 ★

hut

n **오두막**

ex We're staying in a **hut** on an island.
우리는 섬에 있는 오두막 집에 머무는 중이다.

---

022 ★

kingdom

n **왕국**

ex The king and the queen lived in a **kingdom**.
왕과 왕비는 왕국에서 살았다.

---

023 ★

lap

n **(경주에서 트랙의)한 바퀴 / 무릎**

ex You can do 25 **laps**! I only did 15.
넌 25바퀴나 돌 수 있구나! 난 15바퀴밖에 못 뛰었어.

유 knee 무릎

---

024 ★

lottery

n **복권**

He won the **lottery**.
그는 복권에 당첨되었다.

DAY 28

⭐ 표시는 **출제 빈도**를 나타냅니다.

---

025 ⭐

moment

n 잠깐, 잠시, 순간

Give me a **moment**.
잠깐만 시간을 줘.

---

026 ⭐

native

adj 태어난 곳의 / 토박이의   n   ~출신인 사람

ex She speaks French like a **native** speaker.
그녀는 프랑스어를 프랑스 출신인 사람처럼 한다.

---

027 ⭐

own

adj 자신의

Use your **own** pen.
너의 펜을 사용해라.

---

028 ⭐

perfect

adj 완벽한

I think it was a **perfect** day.
나는 완벽한 하루였다고 생각한다.

---

029 ⭐

poor

adj 가난한, 불쌍한

Amy is a **poor** queen.
Amy는 불쌍한 여왕이다.

---

030 ⭐

needle

n 바늘

He sells **needles**.
그는 바늘을 판다.

Practice

 1. 다음 단어에 알맞은 철자를 찾아 동그라미 쳐 보세요.

(1) 경험[경력] (experience, experence, experince)

(2) 개선하다, 향상시키다 (improbe , improve, improver)

(3) 복권 (rottery, lotery, lottery)

(4) 바늘 (neddle, needle, niddle)

 2. 우리말에 맞게 빈칸을 완성하세요.

grew native free grains

(1) He _____ up in Spain.

그는 스페인에서 **자랐다**.

(2) She was collecting _____ for winter.

그녀는 겨울을 대비해서 **곡물**을 모으는 중이었다.

(3) The admission fee is _____ to children.

입장료는 아이들에게 **무료**이다.

(4) She speaks French like a _____ speaker.

그녀는 프랑스어를 프랑스 **출신인 사람**처럼 한다.

SELF TEST

01	dive		16	곡물, 곡식
02		굽다, 튀기다	17	flea market
03	gallery		18	커지다, 자라다
04		문어	19	hen
05	perform		20	개선하다
06		화장실	21	hut
07	review		22	왕국
08		판매, 매출	23	lap
09	prepare		24	복권
10		으깨다	25	moment
11	contain		26	태어난 곳의
12		경험[경력]	27	own
13	flat		28	완벽한
14		자유로운	29	poor
15	control		30	바늘

DAY 29

v	serve		v	grill		adj	shiny
n	price		n	stuff		n	theater
n	way		n	shrimp		n	wood
v	steal		v	cough		adv	downtown
n	expiration		n	fistful		n	craft
n	flood		n	greeting		n	hammer
v	crash		adj	horrible		n	fool
n	intersection		n	jeans		n	group
v	knit		v	follow		n	librarian
adj	lunar		v	mail		n	path

DAY 29

⭐ 표시는 **출제 빈도**를 나타냅니다.

---

001 ⭐⭐⭐

serve

| v | 제공하다, 차려주다 |

| ex | Can you **serve** it now, please? |

지금 제공해줄 수 있나요?

참고 n. service 서비스[사업]

---

002 ⭐⭐⭐

grill

| v | 그릴에 굽다 | n | 그릴, 석쇠 |

| ex | I want some **grilled** bacon. |

난 구운 베이컨을 원해.

---

003 ⭐⭐⭐

shiny

| adj | 빛나는, 반짝거리는 |

| ex | The floors are **shiny** stone. |

그 바닥은 반짝이는 돌로 되어 있다.

참고 v. shine 빛나다

---

004 ⭐⭐⭐

price

| n | 값, 가격, 물가 |

| ex | It was a good **price**. |

그것은 적절한 가격이었다.

---

005 ⭐⭐⭐

stuff

| n | 물건, 물질 | adj | 채워 넣다 |

| ex | Help the man carry his **stuff**. |

그 남자가 물건을 나르는 것을 도와줘.

---

006 ⭐⭐⭐

theater

| n | 극장 |

| ex | Who is allowed in the **theater**? |

누가 극장에 출입이 가능한가?

---

007 ★★★

way

n **방법, 방식, 태도, 길**

ex We can't go that **way**.
우리는 그 길로 갈 수 없어.

㈜ path 길

---

008 ★★★

shrimp

n **새우**

ex Today's main dish is **shrimp** fried rice.
오늘의 메인 요리는 새우볶음밥이다.

---

009 ★★★

wood

n **나무, 목재**

ex My body is made of **wood**.
내 몸은 나무로 이루어져있어.

㈜ log 통나무

---

010 ★★★

steal

v **훔치다, 도둑질하다**

ex What were people trying to **steal**?
사람들이 무엇을 훔치려고 했는가?

---

011 ★

cough

v **기침하다** n **기침**

ex I'm **coughing** a lot today.
나는 오늘 기침을 많이 한다.

---

012 ★

downtown

adv **시내에[로]**

ex I'll buy one **downtown**.
나는 시내에서 하나 살게.

CHAPTER 06 Day 29

---

013 ⭐

expiration

n 만기, 만료

ex The **expiration** date is November 15th.
만기일은 11월 15일이다.

---

014 ⭐

fistful

n 한 움큼[줌]

ex He put his hand in and grabbed a **fistful** of them.
그는 손을 넣어서 그것들을 한 움큼 쥐었다.

---

015 ⭐

craft

n 공예, 기술[기교]

ex The arts and **crafts** zone is right here.
예술 공예 공간은 바로 여기이다.

---

016 ⭐

flood

n 홍수

ex The village has damage from the **flood**.
그 마을은 홍수의 피해를 입었다.

---

017 ⭐

greeting

n 인사, 안부의 말

ex **Greetings** from the coldest place on Earth!
지구에서 가장 추운 곳에서 안부인사를 보낼게!
참고 v. greet 환영하다

---

018 ⭐

hammer

n 망치[해머] v 망치로 치다

ex I need a nail and a **hammer**.
나는 못과 망치가 필요해.

019 ★

crash

| v | 충돌하다, 박살나다 | n | 사고 |

ex His bike **crashed.**
그의 자전거는 박살났다.

㊂ accident 사고

---

020 ★

horrible

| adj | 끔찍한, 무시무시한 |

ex It's such a **horrible** story.
그거 정말 무서운 이야기구나.

---

021 ★

fool

| n | 바보 | v | 속이다, 기만하다 |

ex Don't be acting like a **fool.**
바보같이 행동하지 마.

㊂ stupid 어리석은

---

022 ★

intersection

| n | 교차로 |

ex Go straight and turn left at the **intersection.**
직진하고 나서 교차로에서 좌회전 해라.

---

023 ★

jeans

| n | 청바지 |

ex How long did Koji's **jeans** last?
Koji의 청바지는 얼마나 오래 갔니?

---

024 ★

group

| n | 무리, 집단, 그룹 |

ex Let's enter as a **group.**
우리 무리 지어서 들어가자.

CHAPTER 06 Day 29

⭐ 표시는 **출제 빈도**를 나타냅니다.

025

knit

> v **(실로 옷 등을) 뜨다**   n **뜨개질한 옷, 니트**
>
> The girl's hobby is **knitting**.
> 그 소녀의 취미는 뜨개질하는 것이다.

---

026 ⭐

follow

> v **(…의 뒤를) 따라가다**
>
> And now, **follow** me.
> 그리고 이제, 나를 따라와.

---

027 ⭐

librarian

> n **(도서관의) 사서**
>
> She is a **librarian** at the Central Library.
> 그녀는 중앙 도서관의 시서이디.

---

028 ⭐

lunar

> adj **달의, 음력의**
>
> Where are you going for **Lunar** New Year?
> 음력 설에 어디로 갈 예정이니?

---

029 ⭐

mail

> v **보내다[부치다]**   n **우편, 우편물**
>
> I will **mail** you a letter.
> 우편으로 편지를 보낼게.
>
> ㈜ letter 편지

---

030 ⭐

path

> n **길**
>
> This **path** led to his house.
> 이 길은 그의 집으로 이어져 있다.
>
> ㈜ way 길

Practice

 1. 다음 단어들을 올바르게 연결하세요.

(1) **librarian** •   • (a) **기침하다, 기침**

(2) **cough** •   • (b) **만기, 만료**

(3) **downtown** •   • (c) **한 움큼[줌]**

(4) **fistful** •   • (d) **교차로**

(5) **intersection** •   • (e) **(도서관의) 사서**

(6) **expiration** •   • (f) **시내에[로]**

 2. 우리말에 맞게 빈칸을 완성하세요.

| intersection | path | Lunar | crashed |

(1) **His bike _____ .**

그의 자전거는 **박살났다**.

(2) **Where are you going for _____ New Year?**

음력 설에 어디로 갈 예정이니?

(3) **This _____ led to his house.**

이 **길**은 그의 집으로 이어져 있다.

(4) **Go straight and turn left at the _____ .**

직진하고 나서 **교차로**에서 좌회전 해라.

SELF TEST

01	serve	
02		그릴, 석쇠
03	shiny	
04		값, 가격
05	stuff	
06		극장
07	way	
08		새우
09	wood	
10		훔치다
11	cough	
12		시내에[로]
13	expiration	
14		한 웅큼[줌]
15	craft	

16		홍수
17	greeting	
18		망치[해머]
19	crash	
20		끔찍한
21	fool	
22		교차로
23	jeans	
24		무리, 집단
25	follow	
26		(도서관의)사서
27	knit	
28		달의, 음력의
29	mail	
30		길

DAY 30

adj	spicy	n	tape	n	stair
n	taxi	v	sprinkle	n	staff
n	steam	n	tent	v	crawl
n	fireplace	adj	creative	adj	foggy
n	guest	n	hamper	n	crop
adv	forever	v	creep	n	hometown
n	crow	n	jungle	v	freeze
n	hug	v	cure	n	junk
n	log	adj	friendly	adj	mad
n	mask	n	period	n	poem

DAY 30

★ 표시는 **출제 빈도**를 나타냅니다.

---

001 ★ ★ ★

spicy

| adj | 양념 맛이 강한, 매운 |

| ex | I like **spicy** food. |
나는 매운 음식을 좋아한다

---

002 ★ ★ ★

tape

| n | 테이프 | | v | 녹음하다 |

| ex | They put some blue **tape** on her window. |
그들은 그녀의 창가 위에 파란색 테이프를 두었다.

---

003 ★ ★ ★

stair

| n | 계단 |

| ex | Then we will take the **stairs**. |
그럼 우리는 계단을 사용할게.

---

004 ★ ★ ★

taxi

| n | 택시 |

| ex | She decided to take a **taxi**. |
그녀는 택시를 타기로 결정했다.

---

005 ★ ★ ★

sprinkle

| v | 뿌리다 |

| ex | **Sprinkle** the salt on the meat. |
고기 위에 소금을 뿌려라.

---

006 ★ ★ ★

staff

| n | 직원 |

| ex | There are three **staffs** in that store. |
저 가게에는 세 명의 직원들이 있다.

예문은 TOSEL 시험에 실제로 출제된 예문입니다.

---

007 ★★★

steam

`n` **김, 증기**   `v` **김을 내뿜다**

`ex` It is hard to see because of the **steam**.
김 때문에 보는 것이 힘들다.

---

008 ★★★

tent

`n` **텐트, 천막**

`ex` She had a small **tent** and a sleeping bag.
그녀는 작은 텐트와 침낭을 가지고 있었다.

---

009 ★

crawl

`v` **(엎드려) 기다, 기어가다**

`ex` He has to **crawl** into his house.
그는 그의 집으로 기어들어가야 한다.

㈜ creep 기다

---

010 ★

fireplace

`n` **벽난로**

`ex` Our living room is big, with a small, white **fireplace**.
우리 거실은 작고 하얀 벽난로가 있으며, 크다.

---

011 ★

creative

`adj` **창조적인, 창의적인**

`ex` It also helps him become more **creative**.
그것은 또한 그가 더욱 창의적이 되도록 도움을 준다.

---

012 ★

foggy

`adj` **안개가 낀**

`ex` It's quite **foggy** today.
오늘은 짙은 안개가 꼈다.

참고 n. fog 안개

013 ★

guest

| n | 손님, 하객, 투숙객 |

ex **Guests** will have to pay six dollars to enter.
손님들은 입장료로 6달러를 내야만 한다.

㈜ customer 손님

---

014 ★

hamper

| n | (뚜껑이 달린) 바구니 | | v | 방해하다 |

ex Put your dirty clothes in the **hamper**.
너의 더러운 옷을 바구니에 넣어라.

---

015 ★

crop

| n | (농)작물/수확량 | | v | (사진이나 그림의 일부를) 잘라 내다 |

ex A farmer planted **crops**.
농부가 작물을 심었다.

---

016 ★

forever

| adv | 영원히 |

ex The lion left **forever**.
그 사자는 영원히 떠났다.

---

017 ★

creep

| v | 살금살금 움직이다, 기다 |

ex He **crept** in through the hole.
그는 구멍 속으로 기어들어갔다.

참고 creep-crept-crept

---

018 ★

hometown

| n | 고향 |

ex Where is your **hometown**?
너의 고향이 어디니?

019 ⭐

crow

n 까마귀

ex A **crow** is flying.
까마귀가 날고 있는 중이다.

---

020 ⭐

jungle

n 밀림, 정글

ex The tribe lived in the **jungle**.
그 종족은 정글에서 살았다.

---

021 ⭐

freeze

v 얼다, 얼리다

ex You should keep the food **frozen**.
당신은 그 음식을 얼려서 보관해야 한다.

참고 freeze-froze-frozen

---

022 ⭐

hug

n 껴안기, 포옹 v 껴안다[포옹하다]

ex My mother gave me a **hug**.
어머니께서 나를 안아주셨다.

---

023 ⭐

cure

v 치유하다 n 약

ex I want to **cure** people all around the world.
나는 세상 모든 사람들을 치유하고 싶다.

---

024 ⭐

junk

n 쓰레기, 폐물

ex We should stop eating **junk** food.
우리는 정크 푸드를 그만 먹어야 한다.

참고 junk food 몸에 좋지 않은 음식

CHAPTER 06 Day 30

★ 표시는 **출제 빈도**를 나타냅니다.

025

log

n	**통나무 / 일지[기록]**
ex	The factory changes a **log** into a chair.

그 공장에서 통나무를 의자로 바꾼다.

⑨ wood 나무

026

friendly

adj	**친절한[우호적인]**
ex	Volunteers need to be **friendly** and social.

자원봉사자들은 친절하고 사교적일 필요가 있다.

027

mad

adj	**몹시 화가 난 / 미친, 정신 이상인**
ex	My sister is **mad** at me.

나의 여자형제는 나에게 몹시 화가 났다.

028

mask

가면, 마스크[복면]

ex	He hides his face under the **mask**.

그는 가면으로 자신의 얼굴을 가린다.

029

period

n	**기간, 시기, 시대**
ex	During that **period**, the garden will be open until 5 PM.

그 기간 동안, 정원은 오후 5시까지 열려 있을 것이다.

030

poem

n	**시**
ex	Reading a beautiful **poem** can make you feel relaxed.

아름다운 시를 읽는 것은 너의 기분을 편안하게 해줄 수 있다.

Practice

 1. 다음 단어에 알맞은 철자를 찾아 동그라미 쳐 보세요.

(1)   영원히   (forever, folever, foreever)

(2)   기간, 시기, 시대   (prieod, period, pariod)

(3)   얼다, 얼리다   (freese, freze, freeze)

(4)   창조적인, 창의적인   (cleative, creative, crative)

 2. 우리말에 맞게 빈칸을 완성하세요.

friendly   hamper   log   steam

(1) **The factory changes a**   **into a chair.**
그 공장에서 **통나무**를 의자로 바꾼다.

(2) **Put your dirty clothes in the**   **.**
너의 더러운 옷을 **바구니**에 넣어라.

(3) **It is hard to see because of the**   **.**
김 때문에 보는 것이 힘들다.

(4) **Volunteers need to be**   **and social.**
자원봉사자들은 **친절하고** 사교적일 필요가 있다.

SELF TEST

01	spicy		16		영원히
02		테이프, 녹음하다	17	creep	
03	stair		18		고향
04		택시	19	crow	
05	sprinkle		20		밀림, 정글
06		직원	21	freeze	
07	steam		22		껴안다[포옹하다]
08		텐트, 천막	23	cure	
09	crawl		24		쓰레기, 폐물
10		벽난로	25	log	
11	creative		26		친절한[우호적인]
12		안개가 낀	27	mad	
13	guest		28		가면, 마스크
14		방해하다, 바구니	29	period	
15	crop		30		시

TOSEL 실전문제 ❻

QR코드를 인식시키면
음원이 재생됩니다

PART C. Listen and Retell

DIRECTIONS: For questions 1 and 2, listen to short conversations and choose the BEST answer for each question. The conversations will be spoken **TWICE**.

지시 사항: 1번과 2번은 짧은 대화를 듣고, 주어진 질문에 가장 알맞은 그림을 고르는 문제입니다. 지문은 **두 번씩** 들려줍니다.

• 2019 TOSEL 기출

1. What are the kids doing?

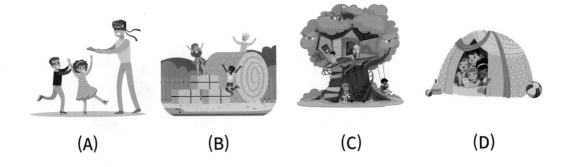

(A)   (B)   (C)   (D)

2. What kind of ice cream does the man order?

(A)   (B)   (C)   (D)

SECTION II. Reading and Writing

PART B. Situational Writing

DIRECTIONS: For questions 3 to 5, look at the pictures and complete the sentences. Choose the option that BEST completes the picture.

지시 사항: 3번부터 5번까지는 그림을 보고 문장을 완성하는 문제입니다. 가장 알맞은 답을 고르세요.

3. • 2020 TOSEL 기출

He is _____ toward a bottle.

(A) jogging

(B) crawling

(C) jumping

(D) skipping

4.

I came to school by _____ today.

(A) bus

(B) taxi

(C) bike

(D) subway

5.

Be careful when you _____ into the water.

(A) dive

(B) hang

(C) stare

(D) break

Appendix

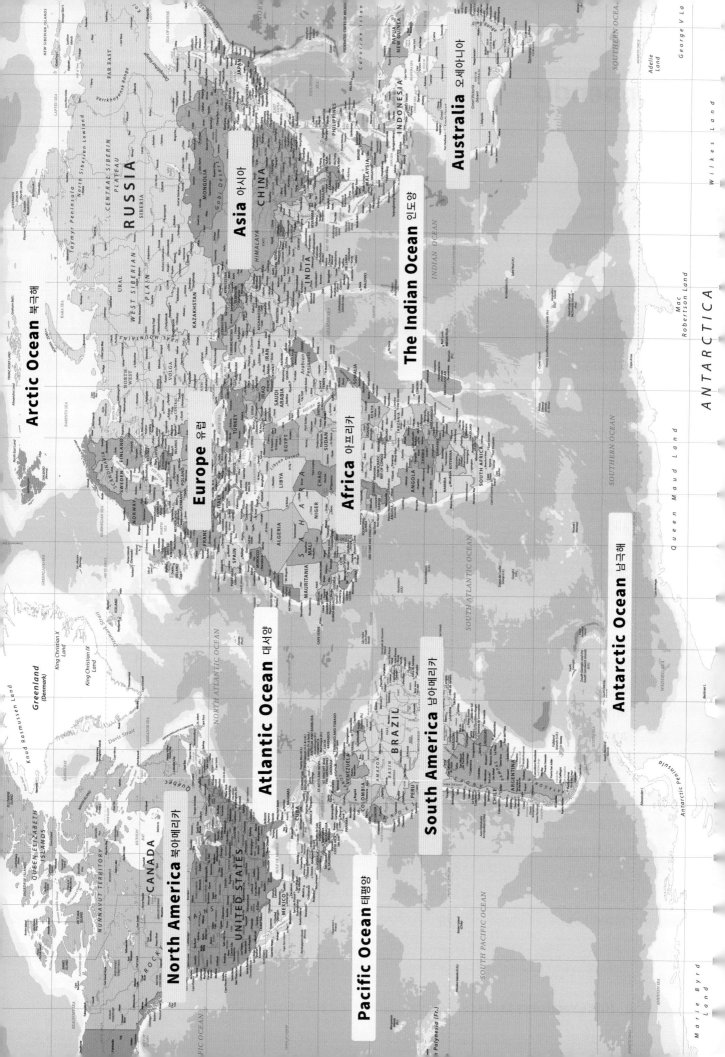

Appendix

Appendix

Appendix

Appendix

Answers

ANSWERS

DAY 16 p.23 **Practice**

1.(1) stranger (2) xylophone (3) unique (4) cancer
2.(1) sent (2) sign (3) allowed (4) sneeze

Self Test p.24

(1) 보내다	(2) tomato	(3) 낯선 사람	(4) yet	(5)서명하다	(6) tablet	(7)허락하다	(8) almost	(9) 사회적인	(10)놀라움
(11)어리석은	(12) tight	(13) 무게가 ~이다	(14) 여행	(15) skill	(16) sore	(17) 원하다	(18) xylophone	(19)흐르다	(20)account
(21) 독특한	(22) temperature	(23) 용	(24) waterfall	(25) 연못	(26)sneeze	(27) relax	(28) 턱	(29) palm	(30) 암

DAY 17 p.31 **Practice**

1.(1) e (2) d (3) c (4) f (5) b (6) a
2.(1) trouble (2) health (3) shore (4) humans

Self Test p.32

(1) 서핑하다	(2) tower	(3)놀라게하다	(4)anything	(5)승차하다	(6) Asia	(7) 병	(8) apron	(9) 도표	(10)care
(11)매끄러운	(12) trap	(13) 건강	(14)without	(15)양념	(16) action	(17) 문제	(18) bark	(19) 실제로	(20) cage
(21) 목소리	(22) dirt	(23) 인간	(24)technology	(25)일출	(26)tissue	(27) 발사	(28) allergy	(29) 해안	(30) hunt

DAY 18 p.39 **Practice**

1.(1) structure (2) grocery (3) entrance (4) adventure
2.(1) calm (2) stared (3) guess (4) guide

Self Test p.40

(1) 물다	(2) competition	(3) 날짜	(4) earn	(5) 축제	(6) grocery	(7) 기중기	(8)entrance	(9) 추측하다	(10) stare
(11)달아나다	(12) twice	(13) 구조	(14) stress	(15) 모험	(16)upload	(17) 부리	(18) along	(19) 침착한	(20) advertisement
(21) 찾다	(22)drug	(23) ~할 수 있는	(24) guide	(25) 친구	(26) trust	(27) 회원	(28) slim	(29) 두꺼운	(30) fancy

DAY 19 p.47 **Practice**

1.(1) d (2) c (3) b (4) a (5) e (6) f
2.(1) areas (2) wise (3) yelling (4) nephew

Self Test p.48

(1) 여행	(2)half	(3) 마법	(4) memory	(5) 좁은	(6) hall	(7) 종이	(8) online	(9) 근육	(10) real
(11) 방법	(12) have to	(13) 서로	(14) striped	(15)제안하다	(16) stick	(17) 참치	(18)vitamin	(19) 지역	(20)ambulance
(21) 괜찮은	(22)calculate	(23) 조카	(24)ballet	(25)영리한	(26) yell	(27)지혜로운	(28) true	(29) 차량들	(30) print

DAY 20 p.55 **Practice**

1.(1) mitten (2) bracelet (3) category (4) definitely
2.(1) energy (2) nowadays (3) anymore (4) court

Self Test p.56

(1) 아름다운	(2) hockey	(3) 근처	(4) mitten	(5) 쥐다	(6) luck	(7)그물	(8) pay	(9) 하지만	(10) pigeon
(11)남극대륙	(12) bracelet	(13) 수레	(14) begin	(15) 이제는	(16) category	(17) 도착	(18) cave	(19) 분명히	(20) department
(21) 활기	(22) helpful	(23)요즘에는	(24)position	(25)생존하다	(26)sail	(27)열[줄]	(28) court	(29) 무술	(30) chef

TOSEL 실전문제 4   1. (B)   2. (B)   3. (D)   4. (D)   5. (B)

DAY 21 p.67 **Practice**

1.(1) e (2) d (3) f (4) a (5) b (6) c
2.(1) calendar (2) Describe (3) bet (4) carpenters

Self Test p.68

(1) 소식	(2) plan	(3) 비밀	(4) seem	(5) 맛	(6) plastic	(7)~사이로	(8)postcard	(9) 모양	(10) tonight
(11)~을 입다	(12) hand in	(13)축하하다	(14) anywhere	(15) 요금	(16) damp	(17) 과제	(18) bet	(19)우주비 행사	(20)describe
(21) 지구	(22) bench	(23) 목수	(24) interview	(25)발명하다	(26)pitch	(27) 대학	(28) calendar	(29)수많은	(30) bit

DAY 22 p.75 **Practice**

1.(1) vacuum (2) continue (3) attend (4) capital
2.(1) present (2) avoid (3) chatting (4) diagram

Self Test p.76

(1) 은색의	(2) pyramid	(3)진공	(4) sitter	(5) 선물	(6) video	(7) 전체의	(8) zoo	(9) 문제	(10) active
(11) 물론	(12) bone	(13) 특징	(14) boot	(15) 피하다	(16) chat	(17) 상	(18) branch	(19) 도표	(20) child
(21)참석하다	(22) nobody	(23) 외로운	(24)capital	(25)계속되다	(26)rest	(27) 매주의	(28) dead	(29)마지막에	(30) sew

DAY 23 p.83 — Practice

1.(1) a (2) c (3) e (4) f (5) d (6) b

2.(1) handle (2) feature (3) attention (4) couch

Self Test p.84

(1) 이상한	(2) soda	(3) 믿다	(4) airline	(5) 특별한	(6)attention	(7) 배우	(8)cafeteria	(9) 걸음	(10)cabbage
(11) 상표	(12)chew	(13)~로 인한	(14) classmate	(15)벽돌	(16) code	(17)나이가 더 많은	(18) feature	(19)격려하다	(20) fantastic
(21) 비명	(22)couch	(23)직사각형	(24)handle	(25) 치약	(26) street	(27) 의미	(28) chalk	(29) 책갈피	(30)upon

DAY 24 p.91 — Practice

1.(1) beside (2) discover (3) evaluate (4) culture

2.(1) dozen (2) grave (3) beside (4) feelings

Self Test p.92

(1) 지하철	(2) such	(3) 공항	(4) bath	(5) 경보	(6) beside	(7) 살피다	(8) design	(9) 봉투	(10) choir
(11)~에 따르면	(12) dig	(13)즐겁게하다	(14)feeling	(15)희극	(16) company	(17) 찾다	(18) evaluate	(19)열	(20) diet
(21) 조합	(22)oval	(23) 다스	(24)luggage	(25)사업	(26)part	(27) 지구의	(28) warm	(29) 무덤	(30) culture

DAY 25 p.99 — Practice

1.(1) a (2) b (3) f (4) d (5) c (6) e

2.(1) manners (2) future (3) hung (4) upsets

Self Test p.100

(1) 일	(2) graduation	(3) 걸다	(4) invitation	(5) 편안한	(6) medicine	(7)언어	(8)opposite	(9) 짝을짓다	(10)remove
(11) 아마	(12) tradition	(13) 실망시키다	(14) continent	(15) 예	(16) figure	(17) 쓰레기	(18) handsome	(19) 훌륭한	(20) gender
(21)부딪치다	(22)valuable	(23) 속상한	(24) tiny	(25) 갑자기	(26) wipe	(27) 주제	(28) claim	(29) 방식	(30) future

TOSEL 실전문제 5
1. (C) 2. (A) 3. (C) 4. (C) 5. (D)

CHAPTER 6 p.104

DAY 26 p.111 — Practice

1.(1) dessert (2) district (3) exhibit (4) manage

2.(1) shy (2) decorated (3) members (4) occasion

Self Test p.112

(1) 오이	(2)decorate	(3) 장비	(4) honey	(5) 삶	(6)dessert	(7) 회원	(8) gold	(9) 정도	(10)mention
(11) 지구	(12)exhibit	(13) 흐름	(14)donate	(15)존재하다	(16) joke	(17) 주목	(18) giant	(19) 잔디밭	(20) Pacific
(21)운영하다	(22) owl	(23) 행사	(24)novel	(25) 평화	(26)quality	(27) 먼	(28) target	(29) 비슷한	(30) shy

DAY 27 p.119 — Practice

1.(1) c (2) e (3) b (4) f (5) a (6) d

2.(1) bucket (2) lazy (3) notice (4) realized

Self Test p.120

(1) 프랑스어	(2) divide	(3) 발뒤꿈치	(4) mouse	(5) 초보의	(6) notice	(7) 과거	(8)remember	(9) 빠른	(10) pillow
(11) 신문	(12) flavor	(13) 덮다	(14)cone	(15) 미끄러지듯 가다	(16) gym	(17)열기	(18) insect	(19)양동이	(20) landscape
(21) 남편	(22) material	(23) 야외의	(24) participate	(25)물개	(26) realize	(27) 게으른	(28) reason	(29) 실수	(30) pepper

DAY 28 p.127 — Practice

1.(1) experience (2) improve (3) lottery (4) needle

2.(1) grew (2) grains (3) free (4) native

Self Test p.128

(1) 뛰어들다	(2) fry	(3) 미술관	(4)octopus	(5)행하다	(6)restroom	(7)검토하다	(8) sale	(9) 준비하다	(10)scramble
(11)~이 들어 있다	(12) experience	(13) 평평한	(14) free	(15)지배하다	(16) grain	(17)벼룩시장	(18) grow	(19) 암탉	(20) improve
(21) 오두막	(22)kingdom	(23) 한 바퀴	(24)lottery	(25) 순간	(26) native	(27) 자신의	(28) perfect	(29) 가난한	(30) needle

DAY 29 p.135 — Practice

1.(1) e (2) a (3) f (4) c (5) d (6) b

2.(1) crashed (2) Lunar (3) path (4) intersection

Self Test p.136

(1) 제공하다	(2) grill	(3) 빛나는	(4) price	(5) 물건	(6) theater	(7) 방법	(8) shrimp	(9) 나무	(10) steal
(11) 기침	(12) downtown	(13) 만료	(14) fistful	(15) 기술	(16) flood	(17) 인사	(18)hammer	(19)충돌하다	(20) horrible
(21) 바보	(22) intersection	(23) 청바지	(24) group	(25)따라가다	(26) librarian	(27) 뜨다	(28) lunar	(29) 우편	(30) path

DAY 30 p.143 — Practice

1.(1) forever (2) period (3) freeze (4) creative

2.(1) log (2) hamper (3) steam (4) friendly

Self Test p.144

(1) 매운	(2) tape	(3) 계단	(4) taxi	(5) 뿌리다	(6) staff	(7) 증기	(8) tent	(9) 기다	(10)fireplace
(11)창조적인	(12) foggy	(13) 손님	(14)hamper	(15) 작물	(16)forever	(17)살금살금 움직이다	(18)hometown	(19) 까마귀	(20) jungle
(21) 얼다	(22) hug	(23) 약	(24) junk	(25) 일지	(26)friendly	(27)몹시화난	(28) mask	(29) 시기	(30) poem

TOSEL 실전문제 6
1. (D) 2. (D) 3. (B) 4. (B) 5. (A)

Chapter 04

[Practice]

Exercise 1.   p.23

    (1) stranger (2) xylophone (3) unique (4) cancer

Exercise 2.   p.23

    (1) sent (2) sign (3) allowed (4) sneeze

☀ Day 16. Self Test

1. 보내다, 발송하다, 전하다	16. sore
2. tomato	17. 원하다, 소망하다, 바라다
3. 낯선 사람	18. xylophone
4. yet	19. 흐르다, 쏟다 유출
5. 서명하다 징후, 조짐, 표시	20. account
6. tablet	21. 독특한, 특별한
7. 허락하다, 허용하다	22. temperature
8. almost	23. 용
9. 사회적인, 사교적인	24. waterfall
10. 놀라게 하다 놀라움, 놀라운 소식	25. 연못
11. 어리석은, 바보 같은	26. sneeze
12. tight	27. relax
13. 무게가 ~이다, 무게[체중]를 달다	28. 턱
14. 여행, 관광 순회하다, 관광하다	29. palm
15. skill	30. 암

[Practice]

Exercise 1.   p.31

    (1) (e) (2) (d) (3) (c) (4) (f) (5) (b) (6) (a)

Exercise 2.   p.31

    (1) trouble (2) health (3) shore (4) humans

☀ Day 17. Self Test

1. 파도타기[서핑]를 하다	16. action
2. tower	17. 문제, 곤란
3. 놀라게 하다	18. bark
4. anything	19. 실제로, 정말로
5. 승차[탑승]하다	20. cage
6. Asia	21. 목소리, 음성
7. 병	22. dirt
8. apron	23. 인간, 사람 인간의, 인간적인
9. 도표, 차트	24. technology
10. care	25. 일출, 해돋이
11. 매끄러운	26. tissue
12. trap	27. 발사, 발포 / 슛(스포츠)
13. 건강	28. allergy
14. without	29. 해안[해변]
15. 양념, 향신료	30. hunt

Day 18

p.33

[Practice]

Exercise 1. p.39

(1) structure (2) grocery (3) entrance (4) adventure

Exercise 2. p.39

(1) calm (2) stared (3) guess (4) guide

Day 18. Self Test

1. 물다	16. upload
2. competition	17. (새의)부리
3. 날짜	18. along
4. earn	19. 침착한, 차분한
5. 축제	20. advertisement
6. grocery	21. 찾다, 구하다 / 기대하다
7. 기중기, 크레인	22. drug
8. entrance	23. ~할 수 있는
9. 추측하다 / 알아맞히다 [알아내다]	24. guide
10. stare	25. 친구
11. 달아나다, 탈출하다	26. trust
12. twice	27. 회원(자격, 신분)
13. 구조, 구조물	28. slim
14. stress	29. 두꺼운
15. 모험	30. fancy

Day 19

p.41

[Practice]

Exercise 1. p.47

(1) (d) (2) (c) (3) (b) (4) (a) (5) (e) (6) (f)

Exercise 2. p.47

(1) areas (2) wise (3) yelling (4) nephew

Day 19. Self Test

1. 여행, 비행 / 항공기	16. stick
2. half	17. 참치
3. 마법, 마술	18. vitamin
4. memory	19. 지역, 구역
5. 좁은	20. ambulance
6. hall	21. 괜찮은, 받아들일 만한 괜찮게
7. 종이	22. calculate
8. online	23. 조카(남자)
9. 근육	24. ballet
10. real	25. 영리한, 똑똑한
11. 방법, 요령	26. yell
12. have to	27. 지혜로운, 슬기로운
13. 서로	28. true
14. striped	29. 차량들, 교통(량)
15. 제안하다	30. print

Day 20   p.49

[Practice]

Exercise 1.   p.55

(1) mitten (2) bracelet (3) category (4) definitely

Exercise 2.   p.55

(1) energy (2) Nowadays (3) anymore (4) court

Day 20. Self Test

1. 사랑스러운, 아름다운	16. category
2. hockey	17. 도착
3. 근처, 지역, 주민	18. cave
4. mitten	19. 분명히, 확실히
5. 잡고 있다, 쥐다	20. department
6. luck	21. 활기, 기운, 에너지
7. 그물[망]	22. helpful
8. pay	23. 요즘에는
9. 하지만, 그러나	24. position
10. pigeon	25. 생존하다, 살아남다
11. 남극 대륙	26. sail
12. bracelet	27. 노[배]를 젓다 열[줄]
13. (손)수레, 카트	28. court
14. begin	29. 무술
15. 이제는, 더 이상	30. chef

Section I. Listening and Speaking

1. **(B)**

해석 W: So did you give that brown shirt to Liz?

M: No, I got her a blue apron.

Q: What did the man give to Liz?

여자: 그래서 넌 Liz한테 갈색 셔츠를 준거야?

남자: 아니, 나는 그녀한테 파란 앞치마를 줬어.

질문: 남자는 Liz에게 무엇을 주었는가?

풀이 남자는 Liz에게 갈색 셔츠 대신 파란 앞치마를 줬다고 했으므로 (B)가 정답이다.

관련 어휘 apron 앞치마 (Day 17)

2. **(B)**

해석 W: Mike, is your toy box the green one?

M: Yes, the one without wheels.

Q: Which one is Mike's toy box?

여자: Mike, 네 장난감 상자는 초록색이야?

남자: 응, 바퀴가 없는거야.

질문: Mike의 장난감 상자는 어느 것인가?

풀이 Mike의 장난감 상자는 초록색이면서 바퀴가 없는 것이라고 했으므로 (B)가 정답이다.

관련 어휘 without … 없이 (Day 17)

Section II. Reading and Writing

3. **(D)**

해석 He spilled the milk on the ground.

그는 바닥에 우유를 흘렸다.

(A) tried 시도했다   (B) tasted 맛을 봤다

(C) stirred 저었다   (D) spilled 흘렸다

풀이 그림은 우유가 엎질러진 모습을 묘사하므로 (D)가 정답이다.

관련 어휘 spill 흐르다, 쏟다; 유출 (Day 16)

4. **(D)**

해석 She is holding some apples.

그녀는 사과 몇 개를 들고 있다.

(A) slicing 자르는   (B) baking 굽는

(C) cutting 자르는   (D) holding 들고 있는

풀이 사과가 담긴 바구니를 들고 있는 여자를 묘사하고 있으므로 (D)가 정답이다.

관련 어휘 hold 잡고있다, 쥐다 (Day 20)

5. **(B)**

해석 Half of the circle is filled in yellow.

동그라미의 절반이 노란색으로 채워져 있다.

(A) All 전부   (B) Half 절반

(C) Third 세번째   (D) None 아무것도

풀이 그림은 동그라미의 반이 노란색으로 칠해져 있는 것을 묘사하고 있으므로 (B)가 정답이다.

관련 어휘 half 반, 절반 (Day 19)

Chapter 05

Day 21 p.61

[Practice]

Exercise 1. p.67

　(1) (e)　(2) (d)　(3) (f)　(4) (a)　(5) (b)　(6) (c)

Exercise 2. p.67

　(1) calendar　(2) Describe　(3) bet　(4) carpenters

Day 22 p.69

[Practice]

Exercise 1. p.75

　(1) vacuum　(2) continue　(3) attend　(4) capital

Exercise 2. p.75

　(1) present　(2) avoid　(3) chatting　(4) diagram

Day 21. Self Test

1. 소식, 뉴스	16. damp
2. plan	17. 과제
3. 비밀, 비밀의	18. bet
4. seem	19. 우주 비행사
5. 맛, 맛이 ~하다, ~맛이 나다	20. describe
6. plastic	21. 지구
7. ~을 통해, ~사이로	22. bench
8. postcard	23. 목수
9. 모양, 형태 모양으로 만들다[빚다]	24. interview
10. tonight	25. 발명하다
11. ~을 입다	26. pitch
12. hand in	27. 대학
13. 기념하다, 축하하다	28. calendar
14. anywhere	29. 백만, 수많은
15. 충전하다, 청구하다 요금	30. bit

Day 22. Self Test

1. 은색의, 은	16. chat
2. pyramid	17. 상, 수여하다
3. 진공 진공 청소기로 청소하다	18. branch
4. sitter	19. 도표
5. 선물, 현재의	20. child
6. video	21. 참석하다
7. 전체의, 모든, 온전한	22. nobody
8. zoo	23. 외로운, 쓸쓸한
9. 문제	24. capital
10. active	25. 계속되다
11. 물론, 그럼(요)	26. rest
12. bone	27. 매주의, 주 1회의
13. 특징, 특질	28. dead
14. boot	29. 마지막에
15. 피하다, 방지하다	30. sew

[Practice]

Exercise 1. p.83

(1) (a) (2) (c) (3) (e) (4) (f) (5) (d) (6) (b)

Exercise 2. (A) p.83

(1) handle (2) feature (3) attention (4) couch

Day 23. Self Test

1. 이상한, 낯선	16. code
2. soda	17. 나이가 더 많은
3. 믿다	18. feature
4. airline	19. 격려하다, 권장하다
5. 특별한, 특수한	20. fantastic
6. attention	21. 비명, 비명을 지르다, 소리치다
7. 배우	22. couch
8. cafeteria	23. 직사각형
9. 걸음, 단계 움직이다	24. handle
10. cabbage	25. 치약
11. 상표, 브랜드	26. street
12. chew	27. 의미, 뜻
13. ~로 인한, ~때문에, ~하기로 되어 있는	28. chalk
14. classmate	29. 즐겨찾기, 책갈피
15. 벽돌	30. upon

[Practice]

Exercise 1. p.91

(1) beside (2) discover (3) evaluate (4) culture

Exercise 2. p.91

(1) dozen (2) grave (3) beside (4) feelings

Day 24. Self Test

1. 지하철	16. company
2. such	17. 발견하다, 찾다
3. 공항	18. evaluate
4. bath	19. 열
5. 경보, 경고 신호	20. diet
6. beside	21. 조합
7. 살피다, 점검하다	22. oval
8. design	23. 12개짜리 한 묶음, 다스
9. 봉투	24. luggage
10. choir	25. 사업, 상업, 장사, 일, 업무
11. ~에 따르면	26. part
12. dig	27. 세계적인, 지구의
13. 즐겁게 하다	28. warm
14. feeling	29. 무덤
15. 희극, 코미디	30. culture

Day 25

Part D

Exercise 1. *p.99*

(1) (a)　(2) (b)　(3) (f)　(4) (d)　(5) (c)　(6) (e)

Exercise 2. *p.99*

(1) manners　(2) future　(3) hung　(4) upsets

Day 25. Self Test

1. (정기적으로 하는) 일, 하기 싫은 [따분한] 일	16. figure
2. graduation	17. 쓰레기, 쓰레기장
3. 걸다, 매달다	18. handsome
4. invitation	19. 훌륭한, 탁월한
5. 편안한	20. gender
6. medicine	19. 부딪치다
7. 언어, 말	20. valuable
8. opposite	21. 속상하게 만들다 속상한
9. 짝을 이루는 물건	22. tiny
10. remove	23. 갑자기
11. 아마	24. wipe
12. tradition	25. 화제, 주제
13. 실망시키다	26. claim
14. continent	27. 방식, 태도, 예의
15. 예[사례/보기], 본보기, 전형	30. future

Section I. Listening and Speaking

1. (C)

해석　Girl: The house is triangle-shaped.
　　소녀: 집이 삼각형 모양이다.
풀이　삼각형 형태의 건축물 그림 (C)가 정답이다.
관련 어휘 shape 모양, 형태; 모양으로 만들다[빚다] (Day 21)

2. (A)

해석　Boy: We can have a picnic beside this well.
　　소년: 우리 우물 옆으로 소풍 가면 되겠다.
풀이　우물이 그려져 있는 그림은 오직 한 개이므로 (A)가 정답이다.
관련 어휘 beside 옆에 (Day24)

3. (C)

해석　Girl: I'm excited! I will celebrate my sister's graduation.
　　소녀: 신난다! 나는 내 여동생 졸업식을 축하할 거야.
풀이　여동생 졸업식을 축하한다고 했으므로 졸업장, 졸업모 그리고 가운을 묘사하고 있는 (C)가 정답이다.
관련 어휘 celebrate 기념하다, 축하하다 (Day 21)
　　　　 graduation 졸업, 졸업식 (Day 25)

Section II. Reading and Writing

4. (C)

해석　There is a blue toothpaste.
　　파란색 치약이 있다.
　　(A) soap 비누　　　(B) sponge 스펀지
　　(C) toothpaste 치약　(D) toothbrush 칫솔
풀이　그림은 빨간색 칫솔과 파란색 치약을 묘사하고 있으므로 (C)가 정답이다.
관련 어휘 toothpaste 치약 (Day 23)

5. (D)

해석　She is hanging clothes on the line.
　　그녀는 옷을 줄에 널고 있다.
　　(A) finding 찾는　　(B) sewing 바느질 하는
　　(C) packing 짐을 싸는　(D) hanging 널고 있는
풀이　그림은 여자가 옷가지를 빨랫줄에 널고 있는 모습을 묘사하고 있으므로 (D)가 정답이다.
관련 어휘 sew 바느질하다 (Day 22)
　　　　 hang 걸다, 매달다 (Day 25)

Chapter 06

✿ Day 26. Self Test

1. 오이	16. joke
2. decorate	17. 집중하다[시키다], 주목
3. 기어, 장비	18. giant
4. honey	19. 잔디밭, 잔디 구장
5. 삶, 생(명)	20. Pacific
6. dessert	21. 운영 [경영/관리]하다
7. 구성원, 회원	22. owl
8. gold	23. 때, 행사
9. 정도[수준]	24. novel
10. mention	25. 평화, 평온, 화목
11. 지구[지역], 구역	26. quality
12. exhibit	27. 먼, 원격의
13. 흐르다, 흐름	28. target
14. donate	29. 비슷한, 유사한, 닮은
15. 존재[실재/현존]하다	30. shy

✿ Day 27. Self Test

1. 프랑스어, 프랑스의	16. gym
2. divide	17. 열기, 열 뜨겁게 만들다
3. 발뒤꿈치	18. insect
4. mouse	19. 양동이
5. 초보의, 기본적인	20. landscape
6. notice	21. 남편
7. 지나간, 과거	22. material
8. remember	23. 야외의
9. 빠른, 신속한	24. participate
10. pillow	25. 물개, 바다표범
11. 학술지, 일기, 신문, 저널	26. realize
12. flavor	27. 게으른
13. 덮다, 씌우다 덮개, 커버	28. reason
14. cone	29. 실수, 잘못 오해하다
15. 미끄러지듯 가다 미끄러짐	30. pepper

Day 28 p.123

[Practice]

Exercise 1. p.129

(1) experience (2) improve (3) lottery (4) needle

Exercise 2. p.129

(1) grew (2) grains (3) free (4) native

Day 28. Self Test

1. 뛰어들다, 다이빙하다	16. grain
2. fry	17. 벼룩시장
3. 미술관, 화랑	18. grow
4. octopus	19. 암탉, (새의) 암컷
5. 행하다[수행하다] 공연하다	20. improve
6. restroom	21. 오두막
7. 검토하다 검토, 논평	22. kingdom
8. sale	23. (경주에서 트랙의) 한 바퀴, 무릎
9. 준비하다[시키다]	24. lottery
10. scramble	25. 잠깐, 잠시, 순간
11. ~이 들어있다	26. native
12. experience	27. 자신의
13. 평평한	28. perfect
14. free	29. 가난한, 불쌍한
15. 지배하다, 통제하다 지배, 통제	30. needle

Day 29 p.131

[Practice]

Exercise 1. p.137

(1) (e) (2) (a) (3) (f) (4) (c) (5) (d) (6) (b)

Exercise 2. p.137

(1) crashed (2) Lunar (3) path (4) intersection

Day 29. Self Test

1. 제공하다, 차려주다	16. flood
2. grill	17. 인사, 안부의 말
3. 빛나는, 반짝거리는	18. hammer
4. price	19. 충돌하다, 박살나다 사고
5. 물건, 물질 채워 넣다	20. horrible
6. theater	21. 바보 속이다, 기만하다
7. 방법, 방식, 태도, 길	22. intersection
8. shrimp	23. 청바지
9. 나무, 목재	24. group
10. steal	25. (~의 뒤를)따라가다
11. 기침하다, 기침	26. librarian
12. downtown	27. (실로 옷 등을) 뜨다 뜨개질한 옷, 니트
13. 만기, 만료	28. lunar
14. fistful	29. 보내다[부치다] 우편, 우편물
15. 공예, 기술[기교]	30. path

Unit 30
p.139

Part D

Exercise 1.
p.145

[1] forever [2] period [3] freeze [4] creative

Exercise 2.
p.145

[1] log [2] hamper [3] steam [4] friendly

Day 30. Self Test

1. 양념 맛이 강한, 매운	16. forever
2. tape	17. 살금살금 움직이다, 기다
3. 계단	18. hometown
4. taxi	19. 까마귀
5. 뿌리다	20. jungle
6. staff	21. 얼다, 얼리다
7. 김, 증기 김을 내뿜다	22. hug
8. tent	23. 치유하다, 약
9. (엎드려)기다, 기어가다	24. junk
10. fireplace	25. 통나무, 일지[기록]
11. 창조적인, 창의적인	26. friendly
12. foggy	27. 몹시 화가 난, 미친, 정신이상인
13. 손님, 하객, 투숙객	28. mask
14. hamper	29. 기간, 시기, 시대
15. (농)작물, 수확량 (사진이나 그림의 일부를) 잘라내다	30. poem

Section I. Listening and Speaking

1. **(D)**

해석 W: Where are the kids?
M: They're hiding in the tent.
Q: What are the kids doing?
여자: 아이들은 어디에 있나요?
남자: 그들은 텐트 안에 숨고 있어요.
질문: 아이들은 무엇을 하고 있는가?
풀이 아이들이 텐트 안에 숨어있다고 했으므로 (D)가 정답이다.
관련 어휘 tent 텐트, 천막 (Day 30)

2. **(D)**

해석 W: May I take your order?
M: I want chocolate ice cream on a cone.
Q: What kind of ice cream does the man order?
여자: 제가 당신의 주문을 받아도 될까요?
남자: 저는 콘으로 초콜릿 아이스크림을 원해요.
질문: 남자는 어떤 종류의 아이스크림을 주문하는가?
풀이 남자가 콘으로 초콜릿 아이스크림을 주문했으므로 (D)가 정답이다.
관련 어휘 cone 원뿔, 원뿔형 물체 (Day 27)

Section II. Reading and Writing

3. **(B)**

해석 He is crawling toward a bottle.
그는 병을 향해 기어가고 있다.
(A) jogging 조깅하는   (B) crawling 기어가는
(C) jumping 점프하는   (D) skipping 뛰어넘는
풀이 그림은 아기가 젖병을 향해 기어가는 것을 묘사하고 있으므로 (B)가 정답이다.
관련 어휘 crawl (엎드려) 기다, 기어가다 (Day 30)

4. **(B)**

해석 I came to school by taxi today.
나는 오늘 택시를 타고 학교에 왔다.
(A) bus 버스   (B) taxi 택시
(C) bike 자전거   (D) subway 지하철
풀이 그림은 택시를 묘사하고 있으므로 (B)가 정답이다.
관련 어휘 taxi 택시 (Day 30)

5. **(A)**

해석 Be careful when you dive into the water.
물속으로 뛰어들 때 조심하시오.
(A) dive 다이빙하다   (B) hang 걸다
(C) stare 응시하다   (D) break 깨지다
풀이 그림은 남자아이가 물에 떠있는 것을 묘사하고 있으므로 (A)가 정답이다.
관련 어휘 dive 뛰어들다, 다이빙하다 (Day 28)

MEMO

MEMO

MEMO